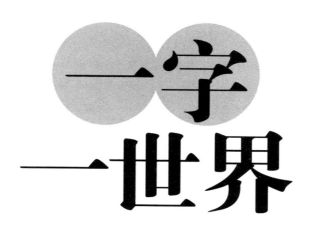

华语文化阅读文库

颜煦之◎编著

F·G·H

台海出版社

图书在版编目（CIP）数据

一字一世界.FGH / 颜煦之编著. --北京：台海出版社，2014.9

ISBN 978-7-5168-0461-2

Ⅰ.① 一… Ⅱ.①颜… Ⅲ.① 汉字—通俗读物 Ⅳ.① H12-49

中国版本图书馆CIP数据核字（2014）第223418号

一字一世界.FGH

编　　著：颜煦之	
责任编辑：戴　晨	
装帧设计：视界创意	版式设计：刘　娜
责任校对：张光明	责任印制：蔡　旭

出版发行：台海出版社

地　　址：北京市朝阳区劲松南路1号，邮政编码：100021

电　　话：010-64041652（发行，邮购）

传　　真：010-84045799（总编室）

网　　址：www.taimeng.org.cn/thcbs/default.htm

E－m a i l：thcbs@126.com

经　　销：全国各地新华书店

印　　刷：北京一鑫印务有限责任公司

本书如有破损、缺页、装订错误，请与本社联系调换

开　　本：797×1092　　1/16	
字　　数：221千字	印　　张：13
版　　次：2015年1月第1版	印　　次：2020年3月第4次印刷
书　　号：ISBN 978-7-5168-0461-2	

定价：　25.00 元

序

唐义和

为他人写序无数，还从来没有一次像写这个序那样踌躇，那样焦虑，那样迟迟不能下笔，一再延宕。本是一件"轻而易举"的事总是不能完成，几乎日日纠结在心。自己都觉得奇怪。今天，终于坐到了桌前。因为，实在不能再拖延了——那边在急切地等着发稿呢。

造成如此状况，大概是因为我和煦之先生的友情实在太深、太浓、太厚了——总想写一个对得起朋友的序，正是这番对友情的特别在意，使得自己反而一拖再拖难以落笔了。

其实，这个序写得好坏是无所谓的，甚至可以没有这个序，因为，他做的事，白纸黑字都明明白白地摆在眼前，其价值和意义是不用人再絮叨的。写个序，只是戴个"帽子"，不至于看上去太"秃"罢了，将区区一个小序看得那样"严重"，实在没有必要。

两年前在南京与煦之先生相会，他送了我一套他著的趣谈汉字的书，厚厚四册，当时十分吃惊。回到酒店，埋在沙发中翻看，见他做的竟然还是含了学术——甚至是很学术的事情，更是吃惊。后来，我遇见谁都会提起这套书，一说书的妙、书的趣；二说煦之先生做事总不按常规，动不动就干出出人意料的事情来。不久，与好友方国荣先生谈出版之事，听他兴致勃勃地说要做一套关于汉字与人生方面的书，便立即将煦之先生的著作介绍给他。他也吃惊不小，很快就和煦之先生联系上了，没想到煦之先生竟神奇地又成就了一套方国荣先生心中所希求的新书。

此套书共十一册，还是关于汉字的。

一字一世界

细想想煦之先生做成此事，其实也无吃惊之处。他这个人，既是性情中人，又是一个执著专心的人。一旦决定做一件事了，天底下也就只有这样一件事了。雷打不动，五头大牛未必能将他拽回。若是做事在夏季，你都能想见他干活时的样子：将门关住，短裤背心，甚至赤膊上阵，宽阔的脑门子上汗津津的，短而厚的手捏住笔就不肯放下，困顿时冲冲凉水澡，拍拍胸脯，拍拍脑门，提提神，接着再干。你以为他做的事，总出乎情理，而事实上，他做事就像他的体型一般稳重，方而正。这也是他的品格。

这一回，他的事做得有点大。

汉字文化，是个大题目，是一个意义非凡的大题目。九年制义务教育新课程标准已经出台，与此前课标相比，其中一条被特别强调：要使学生懂得，汉字不只是一种纯粹的书写符号，而蕴含深厚的文化。煦之先生的研究事先当然与新课标毫无关系，只是他的思考与新课标的新维度暗合了。这也许是真知灼见者的不谋而合——所谓英雄所见略同。这套书，无意中可成为日后学生和语文老师学习、讲解语文的难得的参考书籍。

汉字是中国人极端聪明、才智非凡的结晶。有人在拿它与种种拼音文字进行比较时，故作深刻地说拼音文字是高度抽象能力的结果，那意思是说人家的东西要比我们技高一筹。此等说法，不免肤浅。他们将象形文字的汉字，看成了依样画葫芦式的幼稚了，殊不知它的抽象能力其实是无与伦比的。这一个个神秘的方块字，无所不能，说事说理，皆妙不可言。我们可用它最完美地叙述这个世界，也可用它阐述这个世界上最精辟的原理和哲思。它的高度活性，字与字之间的微妙差异以及组词之后的无限能力，是任何一个熟悉掌握它的人都会感到惊讶的。它是"魔方"。具象与抽象的完美统一，已抵达天造地设般的境界，使人觉得它本是造物主所使用的文字，是天然的。

更妙的是，一个个字，并不只是说事说理的符号，它们自身就是有意味的，甚至是有无穷意味的，是一个个都可以加以解读和欣赏的。从它们出生的那一刻开始，它们就负载了若干意味，而到了今天，它们在不断变形的过程中，还暗含了历史——历史的变迁。每一个字，都有

汉字魔方

它的历史。"一字一世界",还不抽象吗?抽象程度还要多高?

可它确实又是形象的,因此,它与别种文字相比,又有了一个特殊的功能:审美。

它直接产生了一门艺术:书法。

从古至今,那些书法大家,用他们各种风格的书写,为我们提供了一个丰富的艺术世界。这个世界陶冶了中国人的性情,提升了中国人的生命境界。

煦之先生对汉字的认识价值和审美价值的理解与分析,就在这十一册书中。

写到此处,我忽然想起两件事来。一件是,好几年前,有个思维独特的年轻人四处奔走,并到处散发传单,说他经过长时间的研究发现,以英语为代表的拼音文字,其实也是一种象形文字。可是没有一个专家理会他。现在,这个年轻人不知到哪里去了?不知是否还在坚持他的"异端邪说"、继续他的"荒唐"研究?另一件是,一个大型的制作和推广英语电子词典的老板,向我展示了他的研究成果——他的研究成果与那个年轻人的结论一致,只是更加学理化:英语,也是一种象形文字。他当场向我解读了一个个英语单词,告诉我它们都是"象形的"。这个老板是学英语出身的。我当然不敢苟同他们的看法。但这两件事,倒使我看到了一个认识上的变化:作为象形文字的汉字,倒成了人家比附的文字了。

进入汉字魔方吧,其乐无穷。

2014年11月1日于北京大学蓝旗营小区

曹文轩,当代著名作家,精擅儿童文学,任北京作家协会副主席,北京大学教授、现当代文学博士生导师,儿童文学委员会委员,中国作家协会鲁迅文学院客座教授,是中国少年写作的积极倡导者、推动者。主要文学作品有:《山羊不吃天堂草》、《草房子》、《天瓢》、《红瓦》、《根鸟》、《细米》、《青铜葵花》、《大王书》等。

自序

汉字魔方

　　当你拿起这本书，翻到这一面，我们就算有了一面之交。我很想拉着你的手，跟你聊两句。不多，就这么几句。我这人一生与书有缘：读书、教书、编书、写书、出书、卖书、藏书……虽然如此，而今我却还是常读错字、写错字、用错字，还有很多不认识的字。究其原因，跟自己菲才寡学、天资愚钝有关，另外，恐怕跟汉字既多又难认难记有关。

　　汉字有八万多个，常用的虽然只有三千来个，但要记住却非易事。据说，外国人把最难办的事说成"这比学汉字还难"。正因为此，近几十年来，国家成立专门机构，搞汉语拼音和汉字简化。

　　如今，全球有数千万"老外"学习汉语，加上母语为中文的华人，使用汉字的人多达十四亿人。怎样让这么多人轻松愉快地学习汉字，是件十分有意义的事。我愿为此稍尽绵薄之力，所以编写了这本书。

　　汉字，是世界文化的明珠，是中华民族的骄傲。汉字，是先民们历经数千年，把对自然和社会的认识，巧妙地移植到一笔一画上而形成的。汉字，源远流长，魅力无穷，超群绝伦，炎黄子孙应该发扬继承。

　　汉字，不仅仅是符号。对汉字，光凭眼睛看是不够的，音、形、义三位一体，那得细细品味，慢慢咀嚼，才能品出味儿来。有些字，是一幅生动的图画；有些字，是一个有趣的故事；有些字，是一段复杂的历史；有些字，说的是生活常理；有些字，谈的是科学道理；有些字，讲的是深刻的哲理。每一个字，都值得我们欣赏、品味和探讨。若三五同好，聚在一起，谈古说今，咬文嚼字，得其三昧，那真是其乐无穷。

前人和当今有识之士，对汉字做了大量深入的研究，著述浩如烟海，硕果累累。作为门外汉，我不揣冒昧，也挤将进来，凑个热闹。

我将九百多个常用字，以科学分析和有趣故事相结合的方式，编写成这本书。我所讲解的每一个字，分为前后两部分。前半部分，我将这个字的形成、演变过程以及字形、字义、读音作简要介绍。凡此，仁者、智者，各有见解。我博采众长，或综合为一，或分别罗列，任君选择。后半部分，我以小故事等形式，更形象、更生动地来解释这个字的形、音、义。我不仅讲这个字的用法，而且讲这个字的结构特征，讲这个字笔划的用意，讲这个字和相似字之间的区别。我讲了九百多个汉字故事及趣闻，与这些故事相关联的汉字有六千多个，几乎包括了所有的常用字和次常用字。这便是字中有字，这才是真正的汉字故事。

顺便说一句，这里的故事，有些是我的创作；有些是据资料编写；有些是来自民间的汉字俗解。其中有些内容，"俗文学"也罢，荒诞也罢，读者朋友，切莫当真。你尽可把先贤们的论著当作学术理论，把我这儿写的，权且当作插科打诨。因为我的目的很简单，我只是想通过这些小故事、小笑话，以及诗词、对联、谜语、民歌、童谣，加上奇闻轶事、文坛掌故……以此搭座桥、凑个趣，使朋友们认识这些字，辨别这些字，掌握这些字，记住这些字。

我愿把这本书，献给对汉字情有独钟的朋友。让大家在茶余饭后，有个谈笑的话题。这种话题，雅俗共赏。

我愿把这本书，献给学汉字的外国朋友。让他们更多地了解汉字的丰富多彩。愿他们在轻松愉悦中，掌握汉字。

我愿把这本书，献给青少年朋友们。让他们在课外阅读时，带着笑脸，品味每一个字的结构和内涵。

我愿把这本书，献给我的教师同行们，为他们在备课时提供点资料，使他们在讲课时增加点情趣，让他们在课堂上引发出阵阵欢笑声，使孩子们在寓教于乐中理解汉字的博大精深。

　　读者朋友如能赏脸，购得此书，那我们便可心灵沟通，成为志同道合的文友。君不闻，前世修得八百次回眸，今生方得一次擦肩而过。你我有缘，你才翻阅此书。以书会友，这是我三生有幸。

　　汉字故事，是讲不完说不尽的，我仍在收集整理之中，但愿日后能奉上续集。

　　感谢你阅读此文！

　　感谢你阅读这本书！！

汉字魔方

颜煦之

2014年9月于南京

目录

G

汉字魔方

一字一世界

H

汉字魔方

F

一字一世界

漢字
魔方

公平如水的"法"律

fǎ

甲骨文

金文

小篆

法

隶书

法

楷书

金文的"法"字是个会意字。右边是一头水牛的象形,这个字写作"廌",读 zhì。这是古代神话传说中的独角神兽,它能辨别是非曲直,在法庭上用它来识别罪犯,因为它能用头上的角去抵理屈的人或事物,使理屈者受到惩罚。

金文"法"字的左边,上半部是一个由"大"字(表示人)和"口"字(表示地穴)构成的"去"字。下半部是水的象形,三者合一,表示去除罪恶,像廌一样公正,像水一样公平。

小篆的"法"字与金文相似,但笔画有所调整。"去"字挪到了"水"、"廌"之下。楷体由小篆变化而来,简化后写成了"法"。

"法"字的本义指由国家制定、颁布,受国家强制力保证执行的行为规则。如:法典、法办、法案、法纪、法庭、法理、法令、法人、法院、法制、犯法、国法、刑法、司法、宪法。

"法"字由本义引申指标准的,可以仿效的。如:法式、法帖、法则、句法、历法、礼法、书法、文法、语法、章法。由上义引申指处理事情的手段和方式。如:办法、法子、得法、乘法、教学法、优选法、如法炮制。由"标准"又引申指仿效。如:效法、师法、法其遗志。

"法"字也指与佛教有关的道理和事物。如:佛法、法宝、法力、法门、法名、法器、法事、法师、法旨、法衣、现身说法。还引申指迷信色彩的超人力的本领。如:法术、斗法、作法、魔法。也可作姓氏用。

2008 年下半年，由美国引发全球经济动荡，对我国的经济也产生了不利的影响，一些靠出口贸易的工厂企业，一时陷入了困境。

却说安徽马鞍山市的一家民营服装厂，因销路不畅，面临破产。厂长桂深法却不顾全厂员工的死活，将厂里仅剩的一百多万元席卷而空，不知去向。警方接到报案后，由检察官刘波受理此案。他要做的第一件事，就是要找到桂深法，追回赃款。

说起桂深法，当地人都知道，这家伙很迷信，经常找人"算命"、"看风水"。他原名"桂圣发"。几年前，他发往内蒙古、甘肃的服装都没收回一分钱，而发往浙江、江苏、上海的货款都如数收回。算命先生为他掐了生辰八字，说："你命中多土缺水，而你姓名中又偏偏有三个土字。内地尽是黄土，哪有沿海水多啊。你只有到水多的地方，才有生路。"在算命先生的劝导下，"桂圣发"改名为"桂深法"，打算将来到江苏定居。

刘波据此分析，在江苏江阴的服装城发现了桂深法的踪迹，并将他一举抓获。但问他巨款去向，他死活不开口，让神仙也难下手。

刘波问他："你知道我为什么能在江阴抓到你吗？因为我会测字。你命中土多水少，你离不开江湖河海啊。"

桂深法一听，眼睛亮了。刘波不动声色，写了个"法"字说："你这命呀，全押在这'法'字上。'法'字左边虽有三点水，但右上方却有个'土'字。五行之中，水土相克，看来你左右为难哪。"

桂深法听了，虽未开口，但眼神充满了惊讶。刘波指指"法"字"土"字下的"厶"说："你知道这个字形是什么？告诉你，这是古代地牢的代号。你现在已进入了大牢。这牢是有扇小门的。你若把'厶'字上的缺口封死，就成了封口的'△'，这是死牢。这个封口的三角形形成不了'去'字，你这辈子就别想出去啰。我劝你还是把口张开，开个小门，给自己留条出路吧。"

当晚，桂深法开口招供了。

盛食物的盘子——"凡"

fán

凡
甲骨文

凡
金文

凡
小篆

凡
隶书

凡
楷书

　　甲骨文的"凡"字，是个象形字，字形像一只高脚盘子。这种盘子是用来盛食物的。

　　金文的"凡"字由甲骨文演变而来，字形大致相同。到了小篆时，字形有较大的变化，成了一个由"乃"字与"一"字组成的会意字。

　　"乃"字在"凡"字中起什么作用？古代的"乃"字有两种解说。一种说法认为，"乃"字在甲骨文中是个象形字，像说话时气流不畅的样子，本义指"你，你的"，如乃父、乃兄。另一种说法认为，甲骨文的"乃"字是个象形字，像母亲双手抱着孩子于胸前喂奶的样子。古人将孩子、手臂省去，只留下人身和突出的奶头，这就成了甲骨文的"乃"，正如妇女奶头的侧视形，本义指"喂奶"。这个"乃"是最早的"奶"字。

　　为什么要详尽地解释这个"乃"字？因为它牵涉到我们要说的"凡"字。如若说"凡"字是由"乃"和"一"组成的会意字，那么"乃"字究竟表达什么意思？这令人费解。而"一"字可视作"万物之始"。看来我们只能以此来理解，"凡"字有"总括天地万物的意思"，本义指"所有的"。

　　《说文解字》认为，小篆中的"乃"字是"及"字的简单写法，而"及"有"包括在内"的意思。这样的解释，对本义指"所有的"就较有说服力了。

　　我们前面曾讲过，甲骨文的"凡"字本义指"盘子"，而盘子是用来收盛东西的，所以引申为"概括之词"，表示"大概，要略"。

　　综上所述，我们应把"凡"字的本义定位为指"所有的"，如：凡是、凡事、大凡、但凡。

　　"凡"字由本义引申指"大概、要略"，如：凡例、举凡、发凡。由此又引申指"平常的、不出奇的"，如：凡人、凡响、非凡、平凡、不同凡响、自命不凡。

　　"凡"字也指"宗教或神话中称人世间"，如：凡俗、凡心、思凡、凡间、凡尘、神仙下凡。

　　"凡"字也作姓氏用。

中国有句俗话：养儿防老。自古以来，社会习气都是重男轻女。一户人家或一个家族，总希望人丁兴旺，这里的"丁"指成年男子。可见每对夫妻生孩子时，多么希望生个男孩儿。

旧时代，人们碰到大小事儿，总喜欢算命打卦测字占卜，求个平安。谁家要生孩子了，头等大事，就是关心生男生女。

民国末年，上海外白渡桥有位测字大师刘字痴，他就常为求测者预测这类事。

刘字痴是苏北盐城人，常有乡亲来找他。这天，远房亲戚刘老六找上门来，说自己快抱孙子了，其实现时还吃不准是孙子孙女呢。

刘字痴跟他开玩笑："生个女孩难道你把她丢进黄浦江？神仙也有女的，别说凡人了。"

刘老六说："那就测个'凡人'的'凡'字吧。"

刘字痴写了个大大的"凡"字说："哎呀，本家，你福气不小哇。按字形说，这'凡'字有凤凰之身，可里面却只有一点。无鸟不成凤（凤）啊。虽有人戏言，凤是凡鸟，但'凡'与'鸟'相合，毕竟是'凤'呀。凤凰是神鸟，凤为雄，凰为雌，但总称为凤。凤与龙相配，若一胎生一男一女，此为'龙凤胎'。这里凤指女。今日你要测'凡'字，我只能说凤鸟不至，必生男孩。因为这'凡'字内中剩一点，既无凤，也就是不生女，那就是生男了。二者必居其一嘛。"

刘老六听了这番详尽解释，顿时心花怒放，老脸都红了。此时刘字痴谈兴正浓，又接着说："你要测这'凡'字，实为不凡。这孩子将来不同凡响啊。我不是奉承你，老哥，请看这'凡'字，看似'九'字，'九'为数之极，属最大数，又是阳数。阳指男，阳刚之气嘛。再说这'凡'字又看似'兄'字，可见你将来不止一个孙子，这孙子还有兄弟呢。"

一席话，说得刘老六乐不可支。但刘字痴是个老江湖，他从不把话说绝。他送刘老六出门时，不忘叮嘱道："本家，我是以字论事，生男生女，也得看天意。依我说，你不管生个孙子还是孙女，取名就叫刘不凡吧，我们刘家也得出个不凡之人啊。"

刘老六连连点头："是！是！是！"

吃的食物——"饭"

fàn

甲骨文

金文

小篆

隶书

饭

楷书

金文的"饭"字是个形声字,左边的"食"字表示与饮食有关。右边"反"字是读音。它的本义指食物。

把"饭"字当作形声字理解,简单明了,并无不可。但若细加分析,把"饭"字当会意字来看待似乎更有意思。你看,右边的"反"字,好像是一个人将手倒背在后面,面对"食"物,悠然自得。手背着,表明没有动手吃,这就意味着暂时不吃。所以"食"的本义是指食物,也有吃食物的意思。

也有人认为,"饭"字是个形声兼会意字。以"食"作形符,以"反"作声符。"反"与"返"同音,"返"有来回往复的意思。人在吃饭时,就是来回往复地往嘴里送食物的,这就是吃饭。所以用"反"作声符兼会意。

在现代汉语中,"饭"指煮熟的谷类食品,如稀饭、干饭、咸泡饭。日常生活中,特指大米饭,以区别于馒头面条之类的主食。凡与吃饭有关的,都带"饭",如:饭店、饭局、饭粒、饭量、饭碗、饭桶。

食物是人们每天必吃的,所以又引申为每天定时吃的食物,如:早饭、晚饭、中饭。

在古代,"饭"字也当"吃"用,如:廉颇老矣,尚能饭否?这里的"饭",就是指"吃"。但现在几乎不用了。

《隶辨》

唐·孙过庭《草书千字文》

朱元璋当了皇帝后，起初也是不问天下事，整天花天酒地，享尽荣华富贵。曾经和他出生入死的大将军汤和看在眼里，急在心上，但他又不敢直言相劝，只得暗想办法。

这天，汤和乘左右无人，提笔在纸上写了一个大大的"饭"字，然后问朱元璋是什么字。朱元璋看了，哈哈大笑："爱卿，三岁小孩都认识这个字，你是故意要拿朕开涮。"汤和摇摇头，一脸严肃地说："不错，这是个'饭'字，左边的偏旁从食，指的是食物，右边是个反，这便是说，从古至今，一直都是民以食为天，如果没有食，民众必将反矣。陛下——"说着，他"扑通"一下跪在地上喊道，"请三思啊！"

听了汤和的这番话，再看看这个"饭"字，朱元璋顿时惊出一身冷汗。回想自己当年起义，何尝不是如此呢。从此，他再也不敢贪图享乐了，而是全身心地去料理国家大事，巩固大明江山。

民以食为天

两条并行的船——"方"

fāng

屮
甲骨文

才
金文

方
小篆

方
隶书

方
楷书

甲骨文和小篆的"方"字是一个象形字。有人认为"方"字像带有拐的铁锹形的工具。本义为一种翻土的农具。

《说文解字》认为,"方,并船也。"说它像两条并排的船,用绳索系在一起的样子。所以它的本义是并行的两船,泛指并列、并行。

"方"表示并排这种意思在现代汉语中已基本消失。因为这种说法,和今天"方"字的含义相去甚远,也很难考证了。在现代汉语里,"方"最常用的意思是方形,如:方圆。

方法也是"方"的常用意思,如:千方百计、教导有方。

"方"也有方向、方位的意思,如:东方、四面八方。

"方"可以指相对于如走廊、河流或街道的中心或分界线而言的场所、空间或方向,如:右方、左方、四方;也可以指一个方位,如:双方平衡;还可以指交易、战斗或辩论的一个组成部分,如:双方均未获胜。

"方",也在数学上和计量上用到它,如:乘方、平方米。

"方",表示正直,如:方正、端方。

"方",在书面语中表示正在、正当,如:方兴未艾、来日方长、方才、如梦方醒、年方十八。

"方",作为名词用,表示药方,如:偏方、验方、方子、照方抓药。

"方",也作为姓氏使用。

　　北京的吴先生开了家文化传播有限公司,经营图书发行、书刊印刷、广告宣传、图文设计等业务。公司的员工都很敬业,但因市场竞争激烈,公司业务下降,近于亏损状态,大家都很焦急。

　　作为董事长的吴先生,更是坐立不安,急得像热锅上的蚂蚁。他一个人苦思冥想,一根接一根地抽烟,弄得办公室烟雾腾腾。

　　吴先生的好朋友老李来拜访。老李是位著名作家,见吴先生唉声叹气,一筹莫展,便关心地问起原因。吴先生大倒苦水。

　　老李说:"如此说来,你陷入困境了?"

　　吴先生连连点头:"一点办法也没有。方法想尽了。"

　　老李说:"方法多得是。人多智慧多,点子多,召大家来谈谈嘛!"

　　吴先生说:"人多有什么用?人多嘴杂,听谁的?"

　　老李说:"一万人一个点子,说不定就是个好方法。万人出一点就是方嘛!"

　　吴先生用手指在膝盖上写了个"方"字,果然是这么个意思。他站起来,鼓足信心说:"对,把全体员工召来商量,也请你和众多朋友来商量,肯定能找到好方法。"

万人出一点

花儿的香气——"芳"

fāng

甲骨文

金文

小篆

隶书

楷书

小篆的"芳"字是个上下结构的形声兼会意字。上面是个草字头，表明这个字与花草有关。下面的"方"字是读音，同时也是形符，表示四面八方。读音"方"，也与"放"同音。因为"放"有放出、散发的意思，所以用"方"作声符，兼表花香散发出香味的意思。这个字的整个意思是花卉的香气，飘到四面八方。

"芳"的本义就是指香草。也泛指花卉和香草，如：孤芳自赏、群芳谱。

香草散发出一股香气，如：芬芳、芳香、芳菲。

花香令人陶醉，也令人喜爱，所以用"芳"来形容美好的事物，包括人的美好品德，如：芳邻、芳容、芳龄、芳名、芳姿、流芳百世。

"芳"也是个姓。

东晋·王献之《洛神十三行》

明·王铎《草书诗卷》

唐太宗《温泉铭》

"芳"字表示香草,也有香味四溢的意味,所以女性多以此字为名。带"芳"字的女性姓名,在中国数不胜数。

然而,有些七尺男儿,也以"芳"字为名。当然,这怪不得他们自己,因为名字都是小时候由他们的长辈起的,除非万不得已,一般是不会再作改动的。

有这么一位著名人物,名叫王芳,在20世纪50年代,他曾担任浙江省公安厅厅长。试想,这位维持一方社会治安,手握生杀大权的铁腕人物,名字却很女性化,叫"王芳"。对此,据说有段佳话。

却说1953年春,毛泽东主席来杭州。时任浙江省公安厅厅长的王芳担任保卫工作。饮食起居,他都要负责。这天,王芳陪同毛主席吃饭。正吃着,公安部部长罗瑞卿也进了餐厅,三个人同桌吃饭。

吃饭间,罗瑞卿对王芳说:"王芳,你个男子汉,怎么起了个女性名字?你这个名字让人分不清,不知情的人还以为是女同志呢,我建议你把芳字上的草字头去掉,好不好?"

王芳还没来得及答话,毛主席抢着说:"这可不行呀!"他放下手中的筷子问王芳:"你是山东人,你们山东的绿化搞得怎么样?有没有浙江这么好?"

王芳回答道:"报告主席,那儿的绿化刚刚开始,不如浙江。"

毛主席借题发挥,就这芳字说了起来:"照这么说,山东还是有许多荒山秃岭没有绿化起来,有些地方还是草木不生,你的头上刚长了一些草,就想把它除掉,这可不行哟。依我说,什么时候山东消灭了荒山秃岭,什么时候山东绿化搞好了,你再把芳字头上的草字头去掉。"

头上的草不能割

所见很相似——"仿"

fǎng

甲骨文

金文

小篆

隶书

楷书

　　小篆的"仿"字，是个左右结构的形声字兼会意字。左边的单人旁是形符，表示跟人有关，右边的"方"字是声符，读 fǎng。这两个字形组合在一起，指"一个人所见到的事物很相似"。

　　古人为什么用"方"字作"仿"字的声符呢？因"方"字像两条小船并列的样子，而"仿"字也有"两者相比，很相似，不易辨别"的意思，所以"仿"字便用"方"字作声符并会意。

　　"仿"字的本义指"很相似、相像"，如：似乎、好像称"仿佛"；相差不多称"相仿"。

　　"仿"字由本义引申指"照样子去做，效法"，如：仿照办理称"仿办"；模仿古器或古艺术品叫"仿古"；模仿一定的式样制造称"仿造"；模仿别人的方法式样称"仿效"。仿照、仿制、模仿、摹仿、效仿等都是这个意思。

　　"仿"字由"效法"引申指"按照样子写的字"，如：印刷字体中有一种字体叫"仿宋"，它仿照宋代版本书上所刻的字体，笔划粗细均匀，有长、方、扁三体，也叫"仿宋体"或"仿宋字"。

[瓦当欣赏]

秦汉画像瓦当

无锡梁溪谜语研究会的会员们，常在西水关茶楼聚会，研讨谜语时，常有茶客不请自来，跟会员们相互切磋，不分彼此。

一天，有位在无锡工作的小伙子，自称是外省资深"谜人"，擅长猜字谜，很想入会。他嘴上说要向各位老师请教，其实是想探探研究会成员水准如何。会长马汉文听出了弦外之音，问："小伙子，住哪儿？在哪儿工作？"

小伙子朗声答道："我姓方，方正之方，名仿，模仿之仿。在一家大型企业搞招聘工作，负责来信来访。说到住哪儿，——暂住集体宿舍，想租房……"

老马听罢，大声号召："诸位听清了没有？方先生姓方名仿，搞信访工作，目前想租房，就根据这几个要素，现场制作字谜，助助雅兴。进得这个门，都是自己人，相互切磋嘛。"

此言一出，立马有人喊道："外方人。"

老马笑道："方外一个'人'字，谜底是'仿'，但这样说外地朋友听了不舒服啊。"

有人跟着说："那就改成'万人多点'吧。"

也有人说："千少万多。'仿'字左边'千'字少一横，右边'方'字是'万'字多一点。"

周其良提议："改成'差点一万人'，怎样？"

有人说："保留一半，放弃一半。谜底是'仿'。"

老马提醒道："诸位别忘了，方先生是搞信访工作的，谜面要向信访靠拢。"

这个要求，似乎有点难。有人试探着说："'有人来访，无言以对'，不知行不行。"

老马评论道："你这谜面意思很到位，将'访'字的'言'字旁换成'人'字旁。但你小看方先生啦。"

赵纪方说："那就改成'来信来访话不多'，把'信'字和'访'字中的'言'字去掉，便成'仿'字。"

老马评道："好，这样显得方先生沉稳有气度。接下来要围绕方先生租房子的事做文章啰。"

周其良说："'住房不足'，谜底是'仿'字。"

王林生说："你这四个字很简洁，很有难度。不如改成'住房户主不在'。'住'字和'房'字，去掉'户'字和'主'字，便成'仿'字。方先生租不到房子。"

老马笑道："那可不行，我们要让方先生租到房子。我看改成'房子要出租，户主不在家，旁人站一人，恐怕就是他'。"

在场的人听了，都拍手大笑。

鸟在空中"飞"行

fēi

甲骨文

金文

小篆

隶书

楷书

　　甲骨文的"飞"字是象形字。字形像一只鸟儿展开翅膀向上飞的样子。意思指鸟儿在飞翔。

　　小篆的字形发生了较大的变化,上部像鸟儿的头,两边像翅膀,中间像鸟的身段。这也是象形字,是一幅鸟儿伸长脖子,扇动翅膀在向上飞行的画面。

　　楷书的字形是由小篆变化而来的,写作"飛",后简化为"飞"。

　　"飞"字的本义指鸟儿或昆虫扇动翅膀在空中活动,如:飞蝗、飞虫、飞禽、飞鸟、飞鱼、飞雁、飞鼠。

　　"飞"字由本义引申指利用动力机械在空中行动,如:飞行、飞船、飞机、飞弹、飞艇、起飞、试飞、宇宙飞船。

　　"飞"字又引申指在空中飘浮游动,如:飞云、飞花、飞泉、飞舞、飞扬、飞天、飞瀑、飞沙走石。

　　"飞"字还引申指速度极快,如:飞奔、飞驰、飞涨、飞速、飞跑、飞毛腿。因为速度极快,又引申指意想不到的,如:飞来横祸、飞短流长、流言飞语。又引申指挥发、散发,如:香味飞了。

　　"飞"字也作姓氏用。

东晋·王羲之《集字圣教序》

中国的科举制度始于公元 605 年时的隋朝，一直延续到清朝末年才在 1905 年被废除，历经 1300 年。科举制度在不同时期有不同规定。一般分"乡试"、"会试"、"殿试"三等。乡试每三年在省城举行一次，称"大比"。取中者称为"举人"。"会试"在乡试后第二年春天于京城礼部举行。取中者为"贡士"。"殿试"则由皇帝亲自主持，只有"贡士"才有资格参加，考中者为"进士"，第一名为"状元"。

以上三级考试，只有取得秀才资格的人才可参加，而今要讲的故事，就跟这科举会试有关。

却说南宋绍兴年间，有位拆字高手名叫朱国安。这年正逢乡试，他来到省城。众多学子聚在各旅店及官方安排的住所，准备参加考试。不少人求他拆字，好预测一下前程。

有位名叫段毅飞的人，写了个"飞"字请朱国安拆。朱国安盯着"飞"字看了半晌，在旁边批了四个字"二九而升"，说："这'飞'字由'二'、'九'、'升'三字组成，我只能从字形分析，也不知何意，眼下还说不出祸福。"

在这次乡试中，段毅飞中了第十九名，被推荐到京城参加会试。亲朋好友鼓励他："你这次考中第十九名，这十九便是第二个九，你一定会高中的！"

不料，这年会试，段毅飞落第了。但他不灰心，又苦读三年。三年后，他再次参加会试，以第九名中了进士。

考中进士后，段毅飞拿出当年朱国安批的"二九而升"纸条，方才领悟到，这"二九而升"，原来是要经过两个九才能及第啊。

是朱国安算中了，还是段毅飞三年苦读考中了？看来不说自明。

二
九
而
升

鸟翅展开分两边——"非"

fēi

甲骨文

金文

小篆

隶书

楷书

　　甲骨文的"非"字是个象形字。也有人认为是个会意字。字形像两个人的侧影，中间特别强调人的双手，说明他们之间是各行其是，背道而驰。金文和小篆的"非"字与甲骨文字形相似，但已看不出人的形状。这个字的意思指各行其是，含有悖离、违背的意思。

　　也有人认为，金文的"非"字，像鸟的两只翅膀，左右展开的样子，意思指相背。

　　"非"字的本义是指违背、不合于，如：非分、非法、非礼、非命。

　　"非"字由本义引申指不、不是、不对、错误，如：非同小可、非亲非故、大是大非。

　　"非"字由本义又引申指反对、责备，如：非难、非议、颂古非今、未可厚非。

　　"非"字也指必须、偏偏，如：非得、非他莫属、非要不可。

　　"非"字也表示不但、不仅，如：非但。

　　"非"字也表示超过一般，不同寻常，如：非凡、智力非凡。

　　"非"字，也用来指非洲，如：亚非拉。

汉砖欣赏

现代社会有个奇怪的现象：越是老年人，越不愿意做寿，反而是年轻人，把过生日当回事儿。过个三十岁生日，像九十华诞似的，把亲朋好友请到饭店大吃一顿，还来个烛光晚会、吃蛋糕、吹蜡烛、唱"祝你生日快乐"……

江苏美术出版社编辑王非，也算得上是个"王老五"了。他去年已过过三十大寿，今年三十一，他又把朋友们请到饭店庆贺一番。

年轻人在一起，除了喝酒，还喜欢唱歌讲笑话。今日有副总编老杨在场，大家显得很规矩。老杨见场面冷清，便说："我出个谜语给大家猜猜。有人猜出来，我罚酒三杯。猜不出，那大蛋糕我带回家给孙子吃。"

说罢，他一字一句说："左边三十一，右边一十三，两边加起来，一共三百二十三。请各位猜一个字。"

大家一听，都默不作声。杨总是搞民间文学的，肚子里的民间故事、谜语笑话成箩成筐。看来，他今日是有备而来，要不怎么会出现三十一这个数字？

见大家一时猜不出，老杨又说："看来你们当中没有猜谜高手，那我再换个说法。听着：远看柴扉两扇，近看一把蒲扇，像条鱼骨分两半，又像篱笆立路边。"

大家交头接耳，纷纷议论，但仍找不出谜底。寿星王非今日多了个心眼儿。他断定，这个字与自己姓名有关。他一眼看到盘子里吃剩下的一条鱼骨头，又仔细推敲了一番，大声叫道："哈，杨总，我王非今日非要将你灌醉不可！"

杨总端起酒杯说："王非回答得非常好，我认输了。"说罢，连饮三杯。

这个字的谜底是"非"字。

竹筐之类的盛器——"匪"

fěi

甲骨文

金文

小篆

隶书

楷书

　　小篆的"匪"字是个内外结构的形声兼会意字。外面的"匚"形像个筐子。里面的"非"是读音。

　　"匪"的本义是指一种竹筐之类的盛器，相当于今天的竹篓子、竹篮子。

　　因为"匪"字的本义指用竹子编的竹筐、竹篓，所以与竹子有关。编竹筐先要破开竹子削成篾。一根竹子一破为二，两半竹片必定相背，所以"匪"从"非"声并会意。"非"的本义就是指相背。

　　"匪"同音假借为"非"，跟"非"同一个意思。

　　在金文和小篆中，"非"是个象形字，它截取了繁写的"飞"字的下半部，像鸟的两翼展开而彼此违背。所以"非"的本义是不对、错误，如：是非分明、痛改前非。

　　"匪"有不的意思，如：获益匪浅，就是不浅。

　　"匪"既然有不、不对、错误的意思，所以引申为指不好的行为，如抢劫财物，危害他人，这就是土匪、惯匪、匪帮、匪徒，因此必须剿匪。

唐·怀素《草书千字文》

北魏《始平公造像记》

隋·智永《真草千字文》

南京有个小伙子叫李崇文。这名字不知是父辈起的，还是他自己改的。他总是自称文化人，对文化十分崇拜，一辈子要从事文化事业。

李崇文文化程度虽不高，但脑子灵活，又善于交际，他从搞印刷起家，后来在城里开了家文化书店，事业越做越大。

李崇文表面是开书店，暗地里搞盗版图书，干非法印刷的勾当。他瞄准市场，把一些刚上市的畅销书，用先进的照排技术，很快盗印出来，通过地下渠道，推向市场。

上海有家"文汇出版社"，新出了本畅销书。李崇文开车去上海，买到一本，又立马赶回南京。他亲自督阵，三天内，盗版书便印出来了。六万多本，堆在车间里，准备运往各个批销点。

当天晚上，有关执法人员突然赶到，查封了李崇文的印刷厂，刚印出的大批盗版书成了罪证。

带队执行查封任务的是杨队长。他翻开这批盗版书，发现封面和版权页上出版社的名称是"文匪出版社"，看来，李崇文为了省钱，封面是另外重做的。制作人员心急慌忙，将文汇的"汇"字错写成"匪"字了。因为繁写的"汇"字是"匯"，有点儿像"匪"。

杨队长觉得好笑。李崇文一见，以为有机可乘，他点头哈腰，连忙敬烟，还自我表白："我们都是文化人，搞点书，也是……"

杨队长指着书上的"文匪"二字说："你是文化人吗？你是文匪，真正的文匪！"

李崇文一看那一行字，不由"唉"的一声，瘫坐在椅子上。

真 正 的 文 匪

用去钱财——"费"

fèi

甲骨文

费
（金文）

金文

费
（小篆）

小篆

費
（隶书）

隶书

费
（楷书）

楷书

金文的"费"字，是个上下结构的形声字兼会意字。它分三部分，是由"貝"字、立刀旁和"弗"字组成。"貝"字作形符，立刀旁和"弗"字作声符。"弗"字读 fú。这三个字组合在一起，指"用去了钱财"。

"费"字下面的"貝"字有货币、宝物之义，所以用"貝"字作形符。

古人为什么用立刀旁和"弗"字作"费"字的声符呢？因为上面的"弗"字有去掉的意思，与旁边的立刀旁念起来指"用刀割去钱财"，所以古人用立刀旁和"弗"字作"费"字的声符兼表意。

对此，也有人提出不同看法，认为金文"费"字上部左侧的立刀旁，应看做是"人"字，表示"是人用去了钱财"。此说也不无道理，因为这两个字形十分相似。

小篆的"费"字省去了上部左侧的"人"字或有人所说的"立刀旁"，隶变后的楷书写作"費"，后简化为"费"。

"费"字的本义指"用去钱财"，如：花费的钱称"费用"；国家或团体供给的费用称"公费"；办某一事的费用称"用费"；自己负担的费用称"自费"；不收费称"免费"。破费、寄费、军费、花费、学费、运费、杂费、路费、药费、消费、赡养费、生活费等，都指"用去钱财"。

"费"字由本义引申指"消耗、耗损"，如：耗费心思称"费心"；耗费精力称"费神"；费力气称"费力"；耗费言辞、多说话称"费话"，也指说废话。费劲、费工、费时、费事、费解、白费、耗费、浪费、枉费等，都指"消耗、耗损"。

"费"字也作姓氏用。

江苏吴县,今属苏州,古时称长洲。这儿属江南富庶之地,读书人多,秀才也多。

却说明朝崇祯八年春天的一个早晨,长洲县衙前,闹闹嚷嚷,聚集了一群秀才,他们呼叫着,要求见知县符文才。符文才不知出了何事,不敢怠慢,忙叫衙役,请他们到大堂面谈。

为首的一位秀才,手捧一卷文书,请符文才细阅。符文才接过,坐案桌上仔细阅读。原来,这是秀才们联名上书,要求官府表彰并奖励本县一位大孝子。文书中写这位孝子有为其父"割肝疗亲"之孝行。秀才们建议以此人为榜样,劝百姓孝敬父母,并据此为"以孝治县"的标志。

符文才是个有文才有才干的知县。他早先听人说过,有位饭店老板,好沽名钓誉,一心想以慈善孝行出名,常邀文人雅士到他店里吃喝。他想:此事莫非与此人有关?

引起符文才怀疑的倒不是道听途说,而是秀才们文书中写的"割肝疗亲"四个字。古有"割股疗亲"之说,那是割屁股上的肉,尚属可信,而今是"割肝疗亲",那就匪夷所思了。肝与脏是人的命根子,将肝割了,这人还能活吗?

符文才看罢文书,又扫视了大堂上站立的秀才们,微微笑道:"此人已经割肝,还有劳诸位联名禀报,想必他割肝之外,又破肺了吧?"

符文才表面说的是"心肺"的"肺"。但他实际指的是"费用"的"费"。他借"肺"与"费"同音,点穿了这场闹剧是个骗局。秀才们听了,只好灰溜溜地散去了。

割肝之外又破费

· 21 ·

山西的一条大河——"汾"河

fén

甲骨文

金文

小篆

隶书

楷书

小篆的"汾"字是个左右结构的形声字。左边是三点水，表明这个字与水有关。右边的"分"字是读音。

"汾"字的主要作用是作水名和地名。

作水名，指的是汾河。汾河源出于山西宁武县管涔山，向南流至曲沃县境再折向西，在万荣县西流入黄河。长716千米，是黄河第二大支流。

地名指汾西、汾阳、汾城、汾阴这些山西境内的古县城。

汾酒是中国名酒，产于汾阳的杏花村。

"汾"应读作 fén，不能误读为 fēn。

汉·《礼器碑》

东晋·王羲之　　　东魏《敬使君碑》　　　《隶辨》

中国酒类的名称，数不胜数，但享有盛名的，也就那么几种。山西出产的汾酒，恐怕应属于名酒之列。

汾酒产于山西汾阳城外三十里的杏花村。自古就传说，杏花村里出美酒，杏花村里出贤人。历代名人到杏花村饮酒的轶闻趣事，更是说得神乎其神。唐代大诗人杜牧有一首《清明》，那句"借问酒家何处有？牧童遥指杏花村"，那可算得上是千古绝唱，使产自杏花村的汾酒名扬四海。

话虽这么说，汾酒跟其他一些名酒比起来仍逊色不少。这一年，山西省的一位副省长，率经济贸易代表团到某地考察。代表团邀请了不少的商界名流来座谈，团长坦率地承认，山西的汾酒在市场上的销售不畅，请大家出出点子。

在座的人小声议论着。这时，一家报社分管广告业务的老总大声说："依我看，汾酒在江苏销售不畅的关键，不在于江苏也是名酒之乡，恐怕是汾酒厂家的广告没做到位。汾酒有个得天独厚的广告词……"

经贸团长急切地问："什么词？请指教！"

这位老总一字一句地说道："《三国演义》上有句名言叫'合久必分，分久必合'。现在的广告，时兴在谐音上做文章，我说你们不妨在'分'字旁加上三点水，改成'喝酒必汾，汾酒必喝'，买酒的人看了，心里就全明白啦。再说，你这'喝酒必汾'，充满自信，跟着再来的一句'汾酒必喝'，更显得有力，又有历史文化气息，爱喝酒的人听到这样的广告词，哪里有不动心的？"

话音一落，山西代表团全体成员起立鼓掌，向那位老总致谢。

汾酒必喝

碾成细末的谷物——"粉"

fěn

甲骨文

金文

小篆

隶书

楷书

小篆的"粉"字,是个左右结构的形声兼会意字。以"米"、"分"作形符,"分"兼声符。

"米",指各类谷物。古代的"分"字由"刀"和"八"组成。"刀",表示刀具。"八"有背离分开的意思,两字相合,表示用刀把物体分开,也就是说使整体变成分散的部分。"米"与"分"组合,也就是把"米"这一类的谷物碾碎成粉末。本义指被粉碎的谷物。也泛指细末儿,如:面粉、米粉。又引申指粉尘、花粉、奶粉、漂白粉。

"粉",由本义引申指化妆用的粉末,如:扑粉、水粉、脂粉、油头粉面、涂脂抹粉。

"粉",还引申指用淀粉制成的食品,如:粉肠、凉粉、粉皮、粉丝、粉条。由"淀粉"又引申指带白色的,如:粉笔、粉刷。还引申指浅红色,如:粉红。

"粉",也作动词用,引申指用水粉、涂料涂抹、刷,如:粉墙、粉饰。

"粉",由本义又引申指变成细末,如:粉碎、粉身碎骨。

东晋·纪瞻《淳化阁帖》　　元·礼实《三希堂法帖》

民间流传着一个关于"粉"字的对联故事。

明朝年间，江南有位穷书生赴京赶考，因身上带的盘缠少，到了山东，已是身无分文了。这天中午，他走到一个小镇，累得实在走不动了，便在路边一家小面馆坐下歇口气。店主是个白胡子老汉，正在和面擀面条，他见书生疲惫的样子，说："相公想必是赴京赶考的吧？我送你一碗面条吃了好赶路。"

书生一听，忙不迭作揖致谢。店主说："且慢。我这儿有副对子，只有上联，请你对出下联。"

穷书生说："老人家请讲。"店主说："有位雅士在小店留下'八刀分米粉'五个字，以求下联。"

书生想了半天，也对不出来。桌上的面凉了，也不好意思吃。店主劝道："相公且吃面，在小店休息一会再走。"

书生吃罢面条，随店主在后屋一个厢房休息。他正思索着，只见一只老鼠，碰落墙头一块碎砖，这碎砖砸在地面一口破铁锅上，只听"当"的一声。这碎砖撞铁的响声，竟把书生的灵感撞了出来。他想，这家面店以面粉为主，上联以"八刀分米"合成一个"粉"字。我如今是千里迢迢，赴京赶考，为的是敲响金钟得头名状元。这下联何不对作"千里重金锺"呢？（当时的"钟"字为"锺"）

书生忙把想好的下联告诉店主。老店主连连夸奖："对得好！对得好！小店八刀分米粉，相公千里重金锺，望你此去金榜题名，也让老汉我高兴高兴！"说罢还送了些盘缠给书生。

据说，这书生果然中了状元，还特地回来拜谢面店老汉呢。

八刀分米粉

飞虫成群如"风"而过

fēng

甲骨文

金文

小篆

隶书

楷书

　　甲骨文的"风"字是个象形字,状如凤凰,因为古代"凤"与"风"是同一个字。到了小篆时代,这才造了个"风"字,让"凤"字专指凤凰。"风"字专指因空气流动而引起的自然现象。

　　小篆的"风"字外面是音符"凡"字,里面一个"虫"字。这"虫"跟风有什么关系呢? 古人认为"风动虫生",这就把"风"和"虫"联系在一起了。

　　有人认为"风动虫生",就是指由于风的吹动,百虫经孵化而出生。如若是寒风劲吹,该怎么说呢? 这时万物凋零,百虫冻死,虫儿哪会出生呢?

　　若把"风动虫生",理解为大批虫儿飞过,无数小翅膀,掀动了四周的空气,产生的气流形成了风,这倒说得通。

　　"风"字的用法很多,除了指空气流动,气压分布不均匀而产生的风之外,还指借风力作用,使东西干净或纯净,如:风干、晒干风净。还有风鸡、风肉也有这层意思。因为风刮起来有较快的速度,这就是风行、风发。

　　因为风四处流动,所以又含有消息、风声的意思,如:闻风而动。由此又引申为传说的,没有根据的,如:风闻、风言风语。另外,还有景象、风气的意思,如:风景、风俗。

山东的泰山，天下闻名。登过泰山的人，路过万仙楼北面，沿盘山路往西走的时候，就会发现这儿有一处摩崖石刻。石壁上刻有斗大的"虫二"两个字。猛地一看，叫人摸不着头脑。经知情人细细解释，原来这里有段故事。

这"虫二"两字，是清朝光绪二十五年（1899年），由历下才子刘延桂所题，请工匠刻在这儿的。何为"虫二"？原来这是个字谜。

繁写的"风"字为"風"，外框是个"凡"字，表示读音；里面是个"虫"字，表示这个字与虫有关。"二"是什么意思？二是"月"字里面的两横。这两个字，去掉外面的框框，便表示没有边框，如若说得文雅简洁些，就是"风月无边"。"風月"两字没有外框，就剩下"虫二"了。

对此，有人作了合乎情理的猜测：在一个风清月朗的中秋之夜，刘延桂曾在此登山赏月。山下朦胧一片，除了阵阵风吹松枝的响声，山下清凉幽静。这清风加明月的美景，令人感到大千世界，空旷得无边无际，为此，刘延桂深深感到，眼前景色真是"风月无边"啊。为让世人都能领略到这一美好享受，他在此刻了"虫二"两字。先令人生疑，继而深思，最终寻找到"风月无边"这四个字的意境。他这番提示，能使身临其境的每一个游客都能尽情享受大自然给予人们的恩惠。

风月无边

头部疼痛——"疯"

fēng

金文

小篆

瘋

隶书

疯

楷书

"疯"字是后来出现的，在《说文解字》中查不到这个字。楷书繁体字写作"瘋"，如今简化为"疯"。

"疯"字是个左上包围结构的形声兼会意字。左上方的病字旁是形符，表示跟疾病有关。古代的病字旁是个象形字，字形像一张病床。里面的"风"字是声符，读fēng。这两个字形合在一起，指头部疼痛的病，有人说指的是"偏头痛"。

古人为什么用"风"字作"疯"字的声符呢？因为"风"来去很快，不可抗拒。疯病患者对此病也难以抗拒，一般会失去常态，所以"疯"字以"风"字作声符并会意。

"疯"字的本义指"头痛病，神经错乱，精神失常"，如：严重精神病患者称"疯子"，精神受刺激而发生精神病状称"发疯"，也叫"疯癫"。一般用来比喻做事反常，也称"疯狂"，故意装成疯癫或比喻不近人情称"装疯"。

颠三倒四的话，不合常理的话称为"疯话"。

神经错乱、精神失常、入迷称之为"疯魔"。

患狂犬病的狗称"疯狗"，也用来骂人。

"疯"字由本义引申指"轻狂、不稳重"，如：那孩子可疯了。

"疯"字也用来指没有约束的玩耍，如：他跟几个孩子疯了一阵子。

"疯"字由本义引申指"农作物生长茂盛，但不结果实"，如，疯长、疯枝、疯杈。

民国年间，南京夫子庙是个热闹场所。文德桥头有个测字摊，是测字名家胡铁嘴谋生之地，也是享乐之地。一把大油布伞，伞下一桌一椅一条凳，撑出一片世界。常有人到此闲坐，与胡铁嘴聊天，胡铁嘴以茶相待，一视同仁。

这天，胡铁嘴正与人闲聊，跌跌撞撞，走来一个衣衫褴褛、胡子拉碴的老头。他裤脚管水淋淋的，也没等胡铁嘴招呼，就一屁股坐到凳子上，端起茶壶就喝。众人大惊，胡铁嘴摆摆手，轻声说："由他去！"这人拉着胡铁嘴的手，哭道："胡大哥，今日又没捞到哇！"

胡铁嘴安慰他几句，塞给他几个钱说："慢慢再找吧。你饿了，买个烧饼垫垫饥……"

老头接过钱，跌跌撞撞地走了。胡铁嘴望着他的背影，叹息道："可怜哪。这邹疯子晚年得子，没料到儿子在秦淮河落水，妻子去救，两人都淹死了。他一下子疯了，天天沿河岸寻找，还常下水用手摸，要把儿子和妻子捞出来。十多年了，日日如此……"

有人说："他是疯子啊，这病发一阵子就会好的。就像书上说的'范进中举'，高兴得发疯了，但被他老丈人一巴掌就打好了……"

这番话，引起胡铁嘴的一阵感慨。他习惯性地写了"痴"字、"癫"字、"痫"字说："我翻过不少书，想弄懂这些字。这些字都跟人脑子有毛病相关，用现代新名词，称这些病叫神经病。唯独这'疯'字，我始终吃不准……"

旁边有人奉承道："你老人家都吃不准，莫非祖宗把这'疯'字造错了？"

胡铁嘴说："按字形说，这'疯'字外边是病壳子，当中是'风'字，这就是'中风致病'。什么病？疯病。"

听的人都说："对呀，当中不是'风'字吗？"

胡铁嘴分析道："这'疯'字有矢发如疾风之意。疾风为大风、狂风，来得快，去得快。也指疯病突发，来得快，去得快……"

有人插嘴说："对呀，书上也这样说呀！"

胡铁嘴纠正道："邹疯子发病至今，十多年了，他病好了吗？没有啊。若是我测到这'疯'字，也说疯病像风一样，来得快去得快，你信吗？"

听的人都沉默不语，胡铁嘴也紧锁眉头，一脸无奈。

秦淮河畔说『疯』字

装满东西很"丰"盛

fēng

甲骨文

金文

小篆

隶书

楷书

说起"丰"字颇为复杂，得分头说起。

古代有个"丰"字。甲骨文的字形是象形字，像一棵茂盛的树，生长在土堆上。它与"封"字有关联。甲骨文的"封"字像用手将一棵树种植在土堆上，表示在这里堆土种树划分界线。后来这"丰"字发展为两类意思。就其树来说，有茂盛之义，此义用"丰"来表示；就其种树的目的来说，是为了确定界线，此义用"封"来表示，这便是"分封诸侯"了。后来取"丰"字的茂盛之义，作了"豐"字的简化字，它既可单用，也作偏旁，如：沣、奉、邦、蚌等。

我们回过头来再讲"豐"。古代的"豐"字是象形字。甲骨文的字形像一个盛器，里面装满了东西，指丰盛、丰富。金文和小篆的字形略有简化。

也有人认为，"豐"字下半部的"豆"字是象形字，字形像古代高足食器，主要是盛肉食器。也有人认为，"豐"字中的两个"丰"字，应看作是两串玉，以此表示丰满之义。"豆"里盛的"玉"也罢，"肉"也罢，其本义都是指财富的种类多、数量大。

"豐"字简化为"丰"字后，草木茂盛这层意思淡化了，主要用于表示种类多，数量大，如：丰产、丰富、丰厚、丰沛、丰收、丰裕、丰足、丰富多彩、丰衣足食。"丰"字由这本义引申指"容貌美丽、姿态好看"，如：丰姿、丰采、丰韵、丰满、丰润等。"丰"字还用来形容高、大，如：丰碑、丰功伟绩。

"丰"字也作姓氏用。

古时候，科学不发达，人们对天文地理、自然灾害、人体结构、生老病死的知识掌握得不多，凡遇到难以解决的事，往往乞求神灵保佑，以求逢凶化吉。这样，算命打卦、占卜测字，便成了平民百姓最常用的求救方式。这些人，往往能从测字先生那儿得到一点安慰，受到一点启示，但也很有可能被误导，变得丧失信心，放弃努力，听天由命，使结果变得更糟。

却说清朝末年，江西赣州有位读书人名叫马泰山。此人博览群书，记忆力惊人，但多次赶考，都没考中，只是个穷秀才而已。万般无奈，他便以测字为生，凭他的文字功底和口才，很快便成了测字名家，上门求测的人络绎不绝。

这天来了个求测的人。只见他愁眉苦脸，心事重重的样子。此人在赣州经商，刚接到家人报信，说远在福州老家的母亲病重要他赶快回去。临行前，他来测个字，看母亲的病是否好转。按测字规矩，求测者可以拈字而测也可自己写字或带着写好的字来测。

求测者说："让我拈个字吧。"

马泰山拿出装满卡片的布袋，让他摸个字。这人呵口气，擦擦双手，伸手从布袋里摸出个"豐"字，顿时喜上眉梢，认为这是吉祥字，便问："先生，以此字求占，我老母亲的病能治好么？"

马泰山缓缓说道："这'豐'字虽有丰盛丰满之义，但就字形来讲，对你不利。我只能就字测字，说出来你莫惊慌。依我看，你母亲已不在人世了。"

求测者忙问："先生何以下此论断？"

马泰山指着"豐"说："你看，这'豐'字中有座'山'，它是你母的归宿，她将葬于山丘，那儿是她的坟地。这'豐'字里有两个'丰'字，像是坟前两棵树。下面一个'豆'字，此乃古时祭丧用的器皿。坟墓既已选好，树木已经移栽，连祭器也备齐了，你母亲还在人世吗？"

此人一听，顿时泪流满面，丢下一些钱，哭哭啼啼地走了。

马蹄声疾——"冯"

féng

甲骨文

金文

小篆

隶书

楷书

　　小篆的"冯"字，是个形声兼会意字，左边是两点"冫"，表示读音。右边是"马"字，属形旁，表示这个字与马有关。

　　先说右边的"马"字。马的特点是奔跑得快，用在这儿，就是表示马儿正疾驰而过。

　　左边的两点水，在古代读作 bīng，它的形状像水在寒冷的冬天结成冰，有两道条纹。它的本义是指水冻结成冰。也就是后来的"冰"字。凡两点水作偏旁的字，都与冰冻严寒有关，如：冷、凛冽、凌。在这里，我们不详谈两点水的字义，而是要突出它的读音 bīng。

　　马疾驰而过，马蹄发出 bīng bīng 的响声，这就是"冯"的本义。所以古代的"冯"字通"朋"和"凭"，读音相同。

　　马蹄声雄壮有力，所以"冯"字有盛大强盛的意思。

　　"冯"既有盛大强盛的意思，所以又引申为欺凌别人的意思。

　　马蹄声 bīng bīng 作响，很能发泄人心中的愤怒，所以"冯"字又有愤怒烦闷的意思。

　　"冯"字还有其他一些含义，但现在人们大都不用了。人们用得最多最熟悉的是作为百家姓中的一姓——"冯"。

　　冯还读 píng，徒步过水的意思。如：不敢冯河。

东晋时期，襄阳有个文化人叫董丰。董丰在外游学三年，这年年底才回家。当天晚上，他和妻子刚睡下，突然有一个蒙面人跳窗而入，一刀将他妻子砍死，然后又跳窗而逃，消失在夜幕中。

董丰从背影看去，这人像昔日的一位同窗，但又不敢肯定。

第二天，妻子的哥哥知道了这件事，一口咬定是董丰干的，并将董丰送进了官府。董丰因不能忍受毒打逼供，又不敢说出嫌疑人，只得承认自己杀了妻子。结果被判死罪。

就在董丰等候问斩的时候，司隶校尉符融恰好下来巡视，发现董丰这个案子存在不少破绽，就将他从大牢中提了出来，问他在回来的途中，遇到什么怪异的事情没有。

董丰想了个办法，说出了自己怀疑人的姓。他回答说："我在准备回家探亲之前，曾做过一个梦。梦里我骑着一匹马往家赶。路上遇上风雪，地上结冰，马失前蹄，把我摔得鼻青脸肿。后来我找算命的测过这个梦，算命的说我恐怕会卷入一桩案子里。"

符融听了，点头说道："我知道了，你是冤枉的。'马'和'冰'连在一起，是个'冯'字，看来这杀人凶手姓'冯'。"

后来，符融派人把同村姓冯的人找来提审，果然是这人作的案。

从故事情节看，董丰是有意编造梦境的。因为他已看出蒙面人姓冯了，只是不敢说罢了。

符融依董丰说的梦境来破案，就有点荒唐了，在此，只能当文字游戏来看待。

梦中骑马

宋·蔡襄《三希堂法帖》

明·董其昌《三希堂法帖》

凡鸟是"凤"凰

fèng

甲骨文

金文

小篆

隶书

楷书

　　甲骨文的"凤"字由两部分组成。里面是凤的形状。头上有一撮美丽的冠毛,这就是凤头。中间是身段,后面是凤尾,下面是凤爪。其实这就是我们今天所能看到的孔雀。这是"凤"的形。外面罩着个大的"凡"字,这是"凤"的声。因此,"凤"是个形声字。

　　"风"和"凤"的外面为什么罩着"凡"字呢?据说,古人认为最能表示风向的是船上的风帆,他们就把四角形的船帆加上"虫"字造出"风"字,加上"鸟"字造出"凤"字。

　　因为"凤凰"是神鸟,是鸟中之王,所以"凤"字成为与帝王相匹配的皇后的象征。如果说帝王是"龙",皇后是"凤",这也就构成了中国所特有的"龙凤"文化。皇后戴的是"凤冠",插的是"凤钗",住的是"凤阁",乘的是"凤辇"。又把高尚的道德称为"凤德"。美丽的文辞称为"凤藻",文才荟萃之地称为"凤穴"。又因为"凤"极为罕见,所以把稀少而珍贵的事物称为凤毛麟角。

元·赵子昂《行书千字文》

宋·苏轼《三希堂法帖》

这里讲个"凤字拆开是凡鸟"的文字故事。

西晋时期,有位名士叫吕安,同"竹林七贤"之一的嵇康交情非常好。

一天,吕安去拜访嵇康,恰巧嵇康不在家,嵇康的弟弟嵇喜出面接待他。

嵇喜才学平庸,但总自以为是,所以吕安一直瞧不起他。他见嵇康不在,就当着嵇喜的面,在门板上写了个"凤"字,然后甩手而去。

嵇康回来后,嵇喜得意洋洋地把吕安写的字指给他看,认为吕安称赞自己是"人中之凤"。

嵇康看了,冷笑一声说:"美什么?'凤'字拆开是凡鸟,他是在取笑你是凡鸟呢!"

凤字拆开是凡鸟

三只手捧着物品——"奉"

fèng

甲骨文

金文

小篆

奉
隶书

奉
楷书

甲骨文的"奉"字,中间是个"半"字,表示读音。下部左右是两只手,像双手高高举起,在接受或承受物品,所以"奉"字的本义是承受、接受,如:奉命、奉行。

后来,小篆的"奉"字在两只手中间加了一只手,用来增强"承受"的意义。三只手捧着物品,显得多么恭敬啊。所以"奉"字又是个敬辞,如:奉劝、奉陪、奉候等,都含有敬意。

"奉",也是一个姓。"奉"字简化后,三只手变成了两横一竖,成了如今的形状。有人在写"奉"字时,往往会在下面写成三横一竖,那就是错字了。

汉砖欣赏

对"奉"字，有一则"三人骑牛少只角"的字谜故事。

一天，三个孩子在河边一边放牛，一边读书。当中有头牛少了一只角，其中一个孩子触景生情，说："我出个谜语你们猜猜。"

大家说："要跟我们放牛有关。"这孩子说："那当然。我们三个人，骑着一头少了一只角的牛，猜一个字。"

两个小伙伴嘴里念叨道："三人骑牛少只角，这是个什么字呢？"

在这儿，我即使不说，大家也知道了。

三人骑牛少只角

修行圆满人成 "佛"

fó

甲骨文

金文

小篆

隶书

楷书

　　小篆的"佛"字是个左右结构的形声字。

　　"佛"字的左边是单人旁，表明这个字与人有关。它的右边是读音弗（fó），有时读成fú。

　　"佛"字的本义指功德圆满，超度成佛的人，如：立地成佛。

　　"佛"字，作为名词，指佛陀的简称，也是佛教徒所称的佛号或念佛的佛经，如：念佛。

　　"佛"字，主要指佛教，如：佛家、佛寺、佛宅、佛法、佛门、佛像。

　　"佛"字中的单人旁很有意思。它似乎告诉人们，"佛"也是人变成的。你现在修身养性，想在来世成佛，那就必须在今世做一个好人，做一个真正的人。如果你能成为一个好人，一个真正的人，那你也就是一尊佛了。

　　有人戏言，一心想成佛，是绝对成不了的，所以"佛"的左边不能用竖心旁。光讲空话，不做实事也成不了佛，所以"佛"字也不用"言"字旁。只有真正做一个好人，才能成"佛"，所以"佛"字一定要用人字旁。事实上，字典上有"拂"、"彿"、"绋"，也有表示忧愁或愤怒的"怫"。

　　还有人说，"佛"字的右边是"弗"，是由"弓"和一撇一竖组成。"弓"字弯弯曲曲，比喻从凡间到极乐世界的路不是平坦的，成佛需要经过无数的磨难才能脱离生死苦海，才能到达彼岸的极乐世界。而那一竖表示正，那一撇表示邪。这就是说，穿"弓"而过的不论是正人、邪人、善人、恶人，只要能弃邪归正，弃恶从善，均可成佛。

　　佛还读fú，如：仿佛。

宋朝名将狄青在没成名之前，家境十分贫寒，只能靠背着弓箭到山里打猎为生。

山里有座寺庙，庙里的和尚都是势利眼，常常借口他杀生冒犯了佛祖，结伙抢他的猎物。

有一年的元宵节闹花灯，老百姓自发在寺庙里办起了灯谜会，狄青看见和尚们也挤在人群里看热闹，便心生一计，飞快地写下一条谜面挂在墙上："一人身背一张弓，两枝箭儿穿当中。有人问我名和姓，我是和尚老祖宗。"

和尚们看了，不由勃然大怒，拖着狄青要去见官，旁边围观的人也都纷纷数落狄青出言不逊。

狄青却不慌不忙地说："这是个字谜，不信听我解给你们看。人加弓，弓里再穿二竖，不正是'佛'字吗？佛是和尚的祖宗，难道我说错了吗？"

众人一听，恍然大悟，都连声称妙，只有那些和尚，气得白眼直翻，灰溜溜地走开了。

和尚的老祖宗

口中说不——"否"

fǒu

甲骨文

金文

小篆

隶书

楷书

　　金文和小篆的"否"字是一个上下结构的会意兼形声字。下面是"口",上面是"不"。口表示与用嘴说有关。"不"也兼表字音。它的本义是回答表示"不然"、"不是这样"。

　　"否"是一个多音字,表示本义时它读作"fǒu"。人们常用"否"表示不同意别人的说法,如:这方法好吗? 否。

　　由"否"组成的词语中,如:否定、否决、否认中的"否"就是不同意的意思。

　　"否"也用于能否、可否、是否中。

　　"否"还用在疑问句句末,构成是非问句,这在古代汉语中用得较多,如:汝知之否?

　　"否"也读作"pǐ",表示闭塞、阻隔不通,如:否塞。"否"读这个音的时候,也有困厄、不顺的意思,如:否极泰来。

唐·虞世南《孔子庙堂碑》

南朝宋《爨龙颜碑》

宋·米芾《草书帖》

关于"否"字，有这么一则"买杏和买否"的笑话故事。

明朝万历年间，河北保定有个人想吃杏，可是当地偏偏又买不到，只好修书一封，托外地的朋友购买。

朋友接到信，横看竖看看不明白。原来，此人写字龙飞凤舞，极难辨认，尤其是这个"杏"字，上面一竖没出头，看上去同"否"字一样。

这位朋友做事很认真，他虽然不明所以，但还是四处打听，哪里有卖"否"的，结果一无所获。后来实在没办法，只得揣测其意，买了一筐杏寄去，并附诗一首："兄长来信要买'否'，急得小弟满街走。买了一筐小黄杏，不知是'否'不是'否'？"

买杏和买否

束发加冠大丈"夫"

fū

甲骨文

金文

小篆

隶书

楷书

在甲骨文和小篆中,"夫"字是个象形字。像一个正面站立的人。在这个人的头部加一横,表示用簪子将头发扎起来。

束发加冠就是男子汉大丈夫。"夫"的本义是表示成年男子。

与"夫"组成的词语有夫妻、夫妇、姐夫、夫子、工夫、功夫、农夫等。

"夫"字在古文中常当作感叹词用,如:逝者如斯夫。

秦《琅邪台刻石》

汉《曹全碑》

东晋·王羲之《澄清堂帖》

唐·孙过庭《草书千字文》

明·王铎《拟山园帖》

关于"夫"字，民间流传一则乾隆说"夫"字的故事。

相传乾隆皇帝下江南时，见一农夫扛着锄头走过，便问跟随一旁的大臣纪晓岚："这是什么人？"纪晓岚说："是个农夫。"

乾隆又问："农夫的夫字如何写？"

纪晓岚用手一笔一画地说："农夫的夫字是先两横，再一撇，一捺。轿夫之夫、夫妻之夫、匹夫之夫、孔夫子之夫，都是这么写。"

乾隆听了哈哈一笑："不妥，不妥。你未说出其中妙处。"

纪晓岚连忙奏道："臣才疏学浅，还望圣上指点。"

乾隆一字一句说道："农夫是刨土之人，故上写土字，下加人字。轿夫是肩上抬竿之人，故先写人字，再加上两根竿子。夫妻是两个人，故先写二字，后加人字。匹夫是指大丈夫，故先写个大字，再加一横。孔夫子是圣人，上知天文，下知地理，这个夫字便是天字出头。你以为如何？"

纪晓岚明知乾隆在戏说"夫"字，但不敢点破，连声附和："是！是！这夫字用法不同，写法应有区别，不能混为一谈。圣上高明！圣上高明！"

乾隆说『夫』字

像犬角"伏"

fu

 乃
甲骨文

金文

小篆

隶书

楷书

甲骨文的"伏"字是个象形字,其状如一个弯腰曲背的人,伏在地上。小篆的"伏"字是个会意字,左边是单人旁"亻",右边是"犬",合起来就是人像狗一样地匍匐着。所以"伏"字的本义是俯伏、趴下,如:俯伏、伏地。

也有人认为,"伏"是个会意字,右边的"犬"一口将左边的"人"拽倒了,本义指趴下,这与前面说的大同小异。

现代汉语中,"伏"除了沿用本义之外,还有身体前倾靠在物体上的意思,如:伏案。

潜藏、埋伏也作"伏",如:伏击、伏兵、昼伏夜出、伏笔。

"伏"还通"服",表示屈服、顺从的意思,如:伏老、伏贴、伏罪、伏从。

降龙伏虎、伏魔中的"伏"是降伏、制伏的意思。

"伏"还表示低下去,如:起伏、此起彼伏。

"伏"也是夏季的气节用语,是初伏、中伏、末伏的统称,如:伏天、三伏天。

"伏"也作姓。

汉砖欣赏

关于"伏"字，有则"人牵狗"的画谜故事。

明代有位著名的画家，名叫唐伯虎。这天，唐伯虎去参加元宵灯谜会，见各色谜语应接不暇，唯独没有画谜，便当场作了一幅画，画的是一个人牵着一条狗。

唐伯虎对在场众人说："这幅画可打一个字，谁猜出来的话，这幅画就归谁。"

谁不想得到唐伯虎的亲笔丹青呀，人群顿时沸腾了，大家激动不已，一个个苦思冥想起来。几个时辰过去了，谁也没能猜出来。

这时，书法家祝枝山走了过来，他看看唐伯虎的画，转身对自己的小书童耳语了一番。小书童听了，笑嘻嘻地走上前，说："这是个'伏'字。"说罢，伸手拿过那幅画。旁边的人都不服气，拦着小书童不让他走。小书童说："人牵狗，合起来不是'伏'字是什么？这么简单都猜不出来，只怪你们太笨啦。"

唐伯虎哈哈大笑，点头赞许道："不错，正是'伏'字，他猜得对！"

人牵狗

手手搀"扶"

fú

甲骨文

金文

小篆

扶

隶书

扶

楷书

    小篆的"扶"字，是个左右结构的形声字兼会意字。左边的提手旁是形符，表示与手的动作有关，右边的"夫"字为声符，读fū。两形合一，指用手搀扶。

    因为"扶"是指用手去搀扶，去扶住，所以用提手旁作形符。古人之所以用"夫"字作"扶"字的声符，是因为"夫"字表示成年男子，只有成年男子才有力气去搀扶人，或去扶住物体，不使其歪倒。

    "扶"字的本义指"搀扶，不使其摔倒"。也有人认为，其本义为"辅助"。两种说法，略有不同，但没有本质区别。如：扶助、照顾为"扶持"；把倒伏的农作物的苗扶直，使它正常生长为"扶苗"。搀扶、扶老携幼等都是这意思。

    "扶"字由本义引申指"帮助、援助"。扶助贫困户或贫苦地区发展生产，改变穷困面貌称"扶贫"；培养教育称"抚育、扶养"；扶助、扶持称"扶掖"；扶助培植称"扶植"；帮助也可说是"扶助"。扶危济困、扶弱抑强、救死扶伤、扶摇直上等都是这个意思。

    "扶"字还引申指"用手接着或撑着"，如：扶手、扶梯、扶墙、扶着桌子，扶住杆子。

    "扶"字也作姓氏用。

有文化的人，在农村广受欢迎。就拿苏北阜宁县盖林镇的胡德先来说吧，几年前，他凭着自己有文化，识字多，帮人测字算命，捞两个小钱。现在他能与时俱进，将测字解字用到娱乐上，间或也做些劝解的事，起个心理辅导作用。有时村干部还请他帮忙呢。

这年开春，县政府号召全县先富起来的农户，要带头扶持本地的贫困户。红头文件下发后，张吴村的老村长，首先想到了三个人：种粮大户张金富、水果大王吴荣喜，还有测字大王胡德先。

原先村民们称胡德先为"胡大仙"，后来尊称"测字先生"，现在按孩子们的叫法称他"测字大王"。

老村长摆家宴，请来三位聚聚。

吴荣喜不愿多事，只想把果园经营好。他问："过去讲扶贫，现在又讲扶持，怎么扶啊？"

老村长挤挤眼，胡德先出场了："吴大爷，这'扶'字就是伸个手，出把力，搀一下，托一把，稳一稳，不让它倒下去。就是互相帮衬的意思。"

张金富脑子灵，说："同村人，对困难户出点钱，教点技术，大家共同奔小康！"

胡德先拍手称好，又掏出纸笔，写了个"扶"字说："这字笔画不多。左边提手旁，指人的手，右边这'夫'字可了不得，'天'字出头大丈夫。这'夫'字又是'二'和'人'，指的就是你们二人啊。"

吴荣喜说："你给我俩戴高帽子了。"

胡德先正色道："我说错了吗？二位一是种粮大户，一是水果大王，县里出了名，上了电视得了奖，你们的手是一手通天哪！"说着指指"扶"字的提手旁，又指指"天"字出头的"夫"字说："县长常提到你们哪！"

胡德先见两人脸有喜色，又把"扶"字伸到他俩眼皮底下，说："这'夫'字是'二、人'，旁边是'手'这叫二人齐动手。按测字人的说法，叫'二人联合挑个头'。说了怕你们听不懂，这'扶'字的提手旁，就是'挑'字的头。你们二位挑个头，带领大家搞扶持，积德哪，光荣啊！"

老村长挥挥手，端起酒杯说："对，你们二人挑个头。喝酒，干！"

二人联合来挑头

用手抓住孩子——"孚"

fú

甲骨文

金文

小篆

隶书

楷书

甲骨文的"孚"字，是个会意字。这里所表达的意思十分丰富。你看"孚"字的上方，有一只大手。大手的下面是个"子"字。表明用手抓的意思。

问题在于这个"子"字。"子"，表示幼儿、儿童。"手"为什么抓"子"呢？

远古时代，部族间为生存，常相互战斗。战败的一方，凡青壮年都被杀掉。因为古人也懂得，必须消灭有生力量，剩下的妇女和孩子才作为俘虏。所以用"手"抓"子"，这就是"孚"字的初义，指抓俘虏。

后来，由于生产发展，劳动力缺乏，要人干活，成年人也作为俘虏了。所以在"孚"字旁加了个"人"字，专门用作"俘虏"的"俘"。而原本的"孚"，则表示使人信服的意思。

"孚"字为什么会有令人信服的意思呢？有人推测，因为俘虏要想活命，就得听从战胜者的命令，信守双方订立的战争的规则，否则便会被处死。正因如此，由俘虏信守规则，引申出守信和令人信服的意思。我们今天常说的"深孚众望"中的"孚"，就是令人信服的意思。

"孚甲"，指植物种子的外壳，引申为萌发、萌生。

《隶辨》

唐·颜真卿《多宝塔碑》

　　唐代诗人贺知章在官场摸爬滚打许多年后，向唐玄宗提出，要求告老还乡。

　　唐玄宗见留不住他，只得批准，末了问他还有什么请求。贺知章说："臣有个小儿子，到现在还没有起名，若陛下能赐一个，臣将不胜荣耀。"

　　唐玄宗想了想，说："做人最重要的是讲信用，《诗》云'成王之孚，信也'。这里的'孚'指的就是信用，爱卿的儿子一定也是个讲信用的人，名就取'孚'吧。"

　　贺知章很高兴，忙跪下受命。

　　回乡的路上，他突然醒悟："孚"字部首从爪，下面是个"子"字。以"孚"命名，那我儿子岂不成了"爪子"了吗？想到这儿，不禁哑然失笑。

皇帝起名字

调兵凭证——兵 "符"

fú

甲骨文

金文

小篆

隶书

楷书

　　小篆的 "符" 字，跟今天的 "符" 字相近。这是个形声兼会意字。上面是竹字头，表示这个字跟竹子有关。下面是个 "付" 字，是这个字的读音。"符" 字的本义是出入门关的凭证。

　　"符" 是个什么样的东西，何以能作凭证？

　　从古书记载看，"符" 最早是用竹子制的，约六寸长，一左一右，分为两半，合拢起来成为一个整体。有关方面各执一半，将各自的一半拿出来合在一起，若相符，才能相信，准许通过。古代除了用于进出关门作为凭证外，也是传达皇帝命令，调兵遣将的凭证。这就是战国时信陵君救赵盗兵符中的 "符"。

　　在古代，"符" 字除了开始用竹子制作的，后来还有用铜和玉制成的，形状也各不相同。

　　在 "符" 字中的 "付" 字，从形声字来看，它是读音。但若从会意字的角度看，也很有意思。

　　"付" 字本身就是个会意字。左边的 "人" 字把手里的东西交给他人。竹字头表示 "符" 是一种交给他人的竹制的凭据。

　　"符" 是凭证，所以就代表事物的标记、记号，如：音符、符号。"符" 分两块，要合起来相符，所以称为 "符合"，如：数字相符、与事实不符。

　　因为 "符" 是重要凭证，有神奇的力量，所以道士画的声称能驱鬼神的图也叫符，如：护身符。

　　日常生活中，人们把不认真写的字或画的画戏称为 "鬼画符"。

清朝道光年间，扬州城里有一个富翁老来得子，为了保佑儿子平安，特意打造了一把金锁挂在儿子的脖子上。谁知儿子在八岁那年，竟被人杀死了，脖子上的金锁也不翼而飞。

半碗豆腐

州官接到报案，立刻控制住了全城的当铺。没多久，一个姓符的人拿着那丢失的金锁去典当，被捕快当场抓获。虽然人赃俱获，但嫌疑犯却死不认罪，一口咬定金锁是在地上捡到的。

州官沉思片刻，说道："既然你是在地上捡的，那土地老爷一定知道是真是假，本官就请土地老爷来托梦断案吧。"说罢，便伏在案桌上昏睡起来。半个时辰后，州官慢慢醒来，说梦见土地老爷请他赴宴，可是桌上只有半碗豆腐，碗上还架着一根筷子。这一根筷子怎么能吃成豆腐呢？所以他忙活了半个时辰，也没吃到一口。

州官话音没落，围观的人都哄笑起来，这时，州官接着说道："这半碗豆腐，就是'腐'字的一半，下面的'肉'字去掉了，剩下的一半是个'付'字，'付'上加竹筷子，不就是个'符'字吗！来人啊，给我把这个姓符的关进死牢。"

姓符的顿时吓得面如土色，浑身发抖，以为真是土地老爷显灵了，赶紧低头认罪。他哪知道，这是州官已经认定是他作的案，就假装做梦，然后编造这个故事，引他认罪。

向神灵敬酒求"福"

fú

甲骨文

金文

小篆

隶书

楷书

甲骨文的"福"字,是个左右结构的会意字。左边是"示"字旁。在甲骨文中,"示"是个象形字,字形像祭祀祖先和神灵用的桌子。上面一短横表示桌子上的祭品。在这儿表示祭祀神灵的意思。右边是个酒坛子的形状。其实是个"酉"字,本义就是酒坛子,加上三点水就是"酒"。

可见,"福"就是用美酒敬献给祖先和神灵,以求平安幸福,这就是"福"字的本义。

求福,是福的本义。祭祀祖先和神灵时,除了酒之外,还有肉和其他供品。在古人看来,有酒有肉,这是再幸福不过的了。

金文和小篆的"福"字,与今天的楷书已十分相似。所不同的是,甲骨文的"福"字,右边是酒坛子,后来变成了"畐"字。这"畐"字是个大肚子酒壶,表示满的意思。"满"就是很丰满。有吃有喝身体才丰满,看上去才有福相。这就是"福"的引申意。

也有人认为,以上解释均太勉强,"福"的右边"畐"是由"一口田"三个字组成,其意思是一人一口田,也就是耕者有其田。一个人有了田就不愁吃,不愁穿了。不愁吃穿,事事顺心,这就是"福"。人们常说"知足常乐",有了吃穿,何尝不是"福"呢?

唐·褚遂良《雁塔圣教序》　　　　东晋·王羲之《淳化阁帖》

· 52 ·

说到清朝年间的慈禧太后，那是尽人皆知的。

据说慈禧太后爱看京剧，常召艺人进宫演戏给她看。她若一时高兴，会给角儿们赐点小礼品，以示恩典。

这天，慈禧在宫中看"三岔口"，见演员小金童演技不凡，便赏他几块糕点尝尝。小金童忙磕头谢恩，但转念一想，这点米糕吃下肚便没了，若讨得老佛爷一幅字挂在家里，多荣耀！

小金童连连磕头，说："吃了老佛爷糕点长力气，求老佛爷赐个字，天天看着长精神！"

太后一听，乐了，问："写什么字？"小金童说："老佛爷福大寿大，就写个福字吧！"

太后听了，忙吩咐太监拿来文房四宝，铺开万年红纸，挥笔写下一个大大的"福"字。

太后不知是一时疏忽还是真的不会写，竟把"福"字的"礻"字旁写成了"衣"字旁的"衤"，凭空多了一点。

太后身旁的小太监提醒道："老佛爷，福字不是衣字旁，多了一点呀。"太后看了，不由一愣，不知如何改才好。

正巧，大太监李莲英进来了，他可真会阿谀奉承，说："老佛爷的福气当然比世人多一点嘛！"

小金童心领神会，接口说："老佛爷赐福给奴才太多，可承受不起呀。"

慈禧听了，便顺水推舟说："好吧，另赐一个你消受得起的福字吧！"说罢，另写了个大大的"福"字。

慈
禧
太
后
赐
福

砍东西的工具——"斧"

fǔ

甲骨文

金文

小篆

斧
隶书

斧
楷书

甲骨文的"斧"字是个象形、形声兼会意字。三者都联系得上。"父"字为读音。"斤"表示这个字与刀有关。其本义为砍人劈物的工具。

在甲骨文中,"斤"字是个象形字,是一种横刃的砍木头的斧子,一般称为"斧斤"。横刃为斤,竖刃为斧。"斤"字用在这儿,指砍人、砍东西的工具。

"斧"字为什么用"父"作声符?因为"父"字有"把"的意思,也可理解为"执持"之义,而斧子必定有个把手,这样才能握得住,能砍物、劈物,正因如此,所以"斧"字用"父"作声符并会意。

"斧"字,是名词,也作动词用,如:用斧砍。

请人改文章称为斧正。

"斧",是古代的一种兵器,或作杀人的刑具。

《说文古籀补》

元·饶介《三希堂法帖》

《隶辨》

上海淮海路有家五金店，店面不大，但品种齐全，顾客盈门。

卖刀斧之类的柜台人不多。一位年轻漂亮的女售货员正接待一位顾客。看样子，这是位外来打工的，正在附近搞装修，斧头坏了，来买把新斧头。

这位木匠师傅买了斧头，请售货小姐开张发票。这位小姐不含糊，刷刷刷，几笔就写好，又刷地撕下，把发票交给木匠师傅。

木匠师傅一看，怀疑地问："小姐，你这斧头的斧字写错了吧？像我爷爷的爷字了。"

售货小姐拿回发票，说："啊，让我看看。"她盯着发票看看，手中的笔在桌子上"笃笃笃"地点了几下，皱着眉头说："唔，我改一改……"可她不知怎么改。

木匠师傅毕竟经常与斧头打交道，他提示道："斧字上面是个父字，下面一撇，再一撇……"

售货小姐将原先的"爷"字涂掉，然后按他的提示一笔一画写好，交给木匠师傅。

木匠师傅接过一看，叽咕道："你把'爷'字改成'爹'字啦。"

售货小姐面有怒色，生气地说："你不是说一撇又一撇吗？拿来，我再改！"

木匠师傅用手指在桌上写着，说："我说的是父字下面一撇，再一撇啊，是个斤字，买一斤肉两斤肉的斤字……"开票小姐这才明白过来，再次将发票上的"爹"画掉，终于写成了个"斧"字。

三写「斧」字

家中有酒就是"富"

fù

甲骨文

金文

小篆

隶书

楷书

　　甲骨文和金文的"富"字,大致相同,是个会意字。你看,那呈三角形的外框,表明这是座屋子。到了小篆和楷书时,成了宝盖头。宝盖头代表"家"。

　　看屋子里有个椭圆形的物体,我们可把它看作是酒坛子。

　　酿酒必须要用米,只有吃饱了饭,有了多余的米才能酿酒,由此可见,这户人家很富足。所以"富"的本义就是指富足。

　　"富"字用来形容财物多,与"贫"字相对,如:贫富不均、嫌贫爱富。

　　"富"字的词义扩大后,也泛指一般意义上的丰富,如:富饶、富有同情心、富有事业心。

　　岁月与时间也是财富,所以称年轻人"年富力强"。长相胖胖的,称为"富态"。宏伟又美丽称为"富丽"。地多称为"富农"。钱多称为"富翁"。有钱又有地位称为"富豪"、"富贵"。

《说文古籀补》

汉《三老讳字忌日记》

北魏《高贞碑》

康熙年间，有个人一心想成为富人，于是省吃俭用半辈子，好不容易积攒了一些银两。虽然有钱了，可却吃不香睡不着了，因为他生怕被强盗小偷盯上。

一天，他路过一个道观，便进去求了一支签，签上写着一个"富"字。这是什么意思呢？自己今后到底是凶是吉呢？他越想越纳闷，就找了一个道士，来解解这支签。

道士看了他一眼，不紧不慢地说："取'福'字和'灾'字各一半合在一起便是个'富'字，因此施主的这支签既是福也是灾，请好自为之吧。"

此人细细一琢磨道士的话，再看看手里的"富"字，心里豁然开朗：是啊，人还是顺其自然的好，有钱当然是福，但像自己这样整天提心吊胆，不正是一种看不见的灾吗？

从此以后，他以慈善为本，助人为乐，不唯利是图，做了不少好事，也受人尊敬，日子过得很舒心。

福灾各一半

人背货币有依靠——"负"

fù

甲骨文

金文

小篆

隶书

楷书

金文的"负"字是个会意字。上面是"人"字,下面是"贝"字,"贝"表示宝物货币。两形相合,指人背有货币就有了依靠。

小篆的字形由金文演变而来,隶变后楷书写作"負",后简化写作"负"。这是个上下结构的会意字,也是表示人背着很多钱财。有人把这说成是因背负钱财,所以有恃无恐。

"负"字的本义指"依靠、依仗"。如:依靠险要有利的地势称"负隅",即"负隅顽抗"。

由本义引申指"担当、担任、承担"。如:所担当的工作、所负的责任、所付的费用等称"负担";担负责任,认真,踏实称"负责";承当也称"担负";自己负责,或自以为了不起称"自负"。

"负"字又引申指"遭受"。如:身体受伤称"负伤";受到委屈称"负屈"。还引申指"享有、具有"。如:久负盛名、负有名望。由此再引申指"背、扛"。如:担负重任,或背上背着沉重的东西称"负重";用脊背驮或担负称"背负";沉重的负担称"重负"。负载、负荷、负荆请罪等都是背、扛之义。"负"字也指"欠、亏"。如:心中感到不安、抱歉称"负疚";欠别人的钱财称"负债";违背了别人的好意、期望称"辜负";辜负、使人吃亏称亏负。由此又引申指"输、失败"。如:输赢也称"胜负"。

"负"字也指"背弃、违背"。如:背弃情谊,违背良心称"负心";违背诺言,失约称"负约"。"负"字也假借指数学上"小于零的"。如:负数、负号。还假借指"得到电子的(跟'正'相对)"。如负电、正负、负极。

"负"字也作姓氏用。

这天，无锡梁溪谜语研究会的朋友，在会长马汉文家聚会。小陶在琢磨谜友们发给他的几则字谜。有两个说的是"负"字："赔掉一半，减免一半"，指"赔"与"免"各取一半合成"负"字，这种谜面太俗套，没有创意；"脱贫不再锁双眉"，这则谜面虽有创意，但难以把"脱贫"和"双眉"跟"负"联系起来。

赵纪方见小陶紧锁双眉的样儿，建议道："今后举办市民讲座，我们可以把谜友们的兴趣由字谜引导到对汉字本身的理解和运用上来。就拿'负'字来说吧。上为'人'，下为'贝'，指人背着宝物钱财。这个人是要承担责任，担当风险，受苦受累的。他挑多重的担子，就要负多大的责任，这是成正比的。数学上有正负之别，比赛中有胜负之别，做生意有赚钱负债之别。这个背着钱财宝物的负责人不是好当的。我们探讨汉字，就是要深刻理解词义。"

赵振南说："'负'音通'父'，很有道理。为人之夫，为人之父，就要担负一家之主的重任。'养不教，父之过'，养家糊口、教育子女，哪一样不要操心？古人用'父'字与'负'同音是有道理的。"

王林生补充道："最近我到杭州旅游，我把城隍庙前一副对联抄了下来。上联是'夫妻是前缘善缘恶缘无缘不合'，下联是'儿女是宿债要债还债无债不来'。当父母的担负重任，古人以'父'与'负'同音，确实是用心良苦。"

马汉文说道："二位所说，使我想到成语'忍辱负重'。父辈不仅要挑生活重担，还要承受沉重的心理压力。陆老师是我的好朋友，他是上海特级教师。他有一儿一女，妻子是小学校长。陆老师除了忙教学，回家就忙家务，洗衣做饭，样样在行。他家有两室一厅，朝南的大房间让给儿子当婚房，朝北的小房间老夫妻俩当卧室。周末在上海读大学的女儿回家，就跟母亲住一起，陆老师就在客厅打地铺。半夜里，儿媳养的哈巴狗常钻进被窝跟他作伴。妻子当惯了校长，对丈夫如同对学生一般，陆老师很无奈，他只能把痛苦和烦闷深深埋在心底。他无力改变现状，就这样在苦闷中煎熬。他跟我通电话时，我能感受到他的忍辱负重，万般无奈……"

忍辱负重

用武力收税——"赋"

fù

甲骨文

金文

小篆

隶书

楷书

在金文中，"赋"字是个上下结构的会意兼形声字。上面是个"武"，既是读音，也表意思。下面是个"贝"字。表示这个字与金钱有关。

小篆的"赋"字承接金文，只是将字形改为左右结构。这个字形形象地说明了"赋"就是凭借武力征收各种苛捐杂税。人们往往不愿交税，有时就要动用武力。

也有人认为，在这儿，"武"字除表示读音外，主要表示国防。意思是为了巩固国防，大家必须出钱，用于军费开支。这样理解，也无不可。

"赋"的本义就是敛取、征收的意思。

"赋"指征收，主要是指征税。所以赋也指税。赋税、田赋，就是指土地税。

"赋"是下级向上级交钱，所以又逆向引申为上对下，表示交给、给予，如：赋予、天赋、赋性。

"赋"也指做诗作词，如：赋诗一首、赋词一首。

"赋"，是我国古代诗文中常用的一种文体，如《赤壁赋》。

唐·褚遂良《房玄龄碑》

宋·陆游《三希堂法帖》

宋·苏轼《赤壁赋》

有些字，在字形上很相似，猛地一看，分辨不出来，容易读错，还会闹笑话。

读错字，除了文化浅和粗心大意之外，主要是对字的结构缺乏了解，未作合理分析，特别是形声字，除了对声旁要了解之外，重点要理解形旁的意思，这样就不会搞错了。

例如："贼"字和"赋"字，左边都是"贝"字。"贼"，表示一个人手握刀戈之类的兵器去毁坏东西，它的本义是毁坏，后来引申为偷东西的人。"赋"字，表示用武力征收税款。

"贼"和"赋"的意思和用法是不同的。

有人若分不清两者的不同，一旦看错，就闹笑话了。

南京长江里有个小岛，名叫江心洲。民国年间，岛上住的人不多，只有洲尾有个小村子。村头有座庙，每逢清明前后，许多人到岛上游玩，顺便上坟祭祖，到小庙里烧烧香，还还愿。

有位文人来到岛上，因多喝了点酒，诗兴大发，当场作了首赋，写在墙上，题目叫《江心赋》，引来不少人欣赏。

隔了几天，有几个年轻人结伴来到岛上，其中一位小个子看到"江心赋"三个字，吓得扭头就跑，边跑边嚷："我早就说过，江心有贼！江心有贼！快走快走！"

朋友们笑话他，说："你看清楚，这是诗词歌赋的赋，不是贼！"

小个子凑近了，看了又看，自言自语道："你说它是赋，但我横看竖看，怎么总有些贼样子！"

错把『赋』字看成『贼』

手持扫帚的 "妇" 女

fù

甲骨文

金文

小篆

隶书

楷书

"妇"字的繁体字写作"婦",这是个左右结构的会意字。

古代甲骨文的"妇"字,左上方是一把用高粱穗扎制而成的笤帚,就是吸尘器普及的今天,人们还在用这种笤帚。再看右边,这是一个半跪着身子的女人。两个形状组合在一起,表示手拿笤帚在打扫屋子的人就是"妇"。

金文的字形也大致相同。到了小篆的"妇"字,把"女"字移到了左边,笤帚的形象变成了"帚",后来逐渐变成了"婦",又简化成了"妇"。

手拿笤帚扫地,是典型的家务劳动,所以"妇"的本义就是服侍丈夫,操持家务的女人。

妇字的本义几乎没有什么变化或引申。所有的词汇都与本义有关,如:已婚的女子叫少妇、与丈夫在一起称夫妇,还有妇女节、妇道、妇幼都跟妇女有关。

唐·怀素《圣母帖》

唐·孙过庭《草书千字文》

唐·颜真卿《麻姑仙坛记》

东晋·王羲之《十七帖》

关于"妇"字，有这么一段"妇女推翻山"的文字故事。

1955年，新中国正式开始了文字改革，许多难写难学的繁体字都被简化了，妇女的"妇"字便在其中。

原先，"妇"的繁体一直为"婦"，简化之后，许多人都不习惯，纷纷说，还是繁体的"婦"字好记，因为它的左边的"女"旁指妇女，右边的"帚"是扫帚，这左右合在一起，意思是妇女拿着扫帚在家劳动，既生动又形象。现在改成"女"和"山"，有些不伦不类。

意见很快传到了周恩来总理的耳朵里。在一次讨论文字改革的座谈会上，议论到这个字时，周总理笑着说："我觉得这个字改得就很好，'女'加歪倒在一边的'山'，分明是指当今的妇女推翻大山，得到了解放嘛！"

听了周总理这番生动幽默的解释，所有人都会心地笑了。

妇女推翻山

教训子女的"父"亲

fù

甲骨文

金文

小篆

父

隶书

父

楷书

"父"字是一个指事字。在甲骨文中，它的字形像一个人右手举着棍棒，意思是手里举着棍棒，教育子女要守规矩。这个人是家长，即父亲。所以它的本义就是父亲，如：父族、父业、父子。

金文的"父"字由甲骨文演变而来。小篆的"父"字由金文演变而来，它们的基本形状大体相似，都是一只手（友）拿着一根棍棒在教训子女的样子，指出这个手持棍棒的人就是父亲。

"父"在古代也是对老年男子的尊称，如：渔父、江东父老。

现代汉语中，"父"字除了表示本义父亲之外，也是对和父亲同辈的男性亲属的称呼，如：伯父、叔父。后来也称姻亲中的长辈，如：舅父、姨父、岳父。

"父"字也表示对某一种大事业的创始者的尊称，如：国父、革命之父、氢弹之父、水稻之父。

唐·怀素《圣母帖》　唐·颜真卿《多宝塔碑》　宋·黄山谷

关于"父"字有这么一则笑话故事。

从前，天津有个大富豪名叫陈百万。他有钱有势，样样称心，可就是儿子小百万天资欠缺，上了几年学，仍没识几个字。陈百万一气之下，把小百万送到北京一所著名小学，请名师辅导，一心要将儿子培养成才。

小百万没辜负父亲的希望，半年下来，他在名师的指点下，学业有所长进。这天，他决定给父亲写封信，汇报自己的学习情况。可当他提起笔准备写"父亲大人"四个字时，一下子忘了"父"字该怎么写了。

没办法，小百万只好翻字典，寻找"父"字。

小百万找了半天，终于找到个跟"父"字相似的"交"字。他以为"交"字就是"父"字，还自言自语地说："嘿，这父字跟我爹一样，也会戴帽子。这一点一横当帽子戴上，我差点认不出'父'字来了。"

「"父"字戴帽子」

[瓦当欣赏]

战国 画像瓦当

G

一字一世界

漢字
魔方

手持鞭子教子"改"过

gǎi

甲骨文

金文

小篆

隶书

楷书

　　金文的"改"字是会意字,左边是"己",像一个跪着的小孩子;右边是"攴",像手持杖或执鞭,合起来就表示教子改过归正之意。小篆的字形与金文相似,它们的本义都是指改变。所以它的本义就是改变,如:乡音无改鬓毛衰。

　　现代汉语中,"改"的本义继续被沿用,如:改期、改行、改嫁、他的样子一点都没改。

　　"改"除了本义之外,也有改正、纠正的意思,如:改过自新、改邪归正。

　　此外,"改"还有修改、修订的意思,如:改作文、改文章、篡改、衣服太大,往小里改一改。

　　"改",也是改革的简称,如:土改,就是土地改革;文改,就是文字改革。

北魏《魏灵藏造像记》　　　　北魏《张猛龙碑》

唐太宗《晋词铭》　　　　隋·智永《真草千字文》

关于"改"字，有一个"自己的文章多修改"的故事。

北京大学有位著名学者，一生从事编辑和教育事业，他有许多妙趣横生的语言，至今仍为学生所津津乐道。

有一回，一个学生写了一篇文章请他过目，老学者觉得写得不太好，便让学生回去修改。

几天后，这个学生将文章修改好了，请老学者看。老学者看了仍然不满意，觉得学生改得不够用心，于是就在文章上方写了一个"改"字，语重心长地说："'改'字拆开是'己'和'文'，就是说自己的文章一定得再三修改才行，千万不能骗自己呀！"

学生满脸羞愧，回去后用了一个多月的时间，逐字逐句地打磨修改，终于得到老学者的认可。

自己的文章多修改

用茅草编成的"盖"子

gài

甲骨文

金文

小篆

蓋

隶书

蓋

楷书

　　金文中的"盖"字是个形声兼会意字。上面是草字头,作形符,表示跟草有关。下面是个"盍"字,读 hé,为声符。后来"盍"字变为"盇",再加草字头就变为"蓋"。应该说,这是正宗的"盖"字,而原本作为俗体字的"盖"字成了"蓋"字的简化字,现在成为最准确的"盖"字了。

　　"盖"字的本义指用茅草编成的覆盖物,所以用草字头。而"盍"字有覆盖的意思,所以"盖"以"盍"作声符并会意。

　　"盖"字是个多音字,读 gài 时,指覆盖的器具,如:盖子、缸盖、锅盖。这种盖子,在边远的农村或贫困地区仍可见到。另外还有壶盖、瓶盖之类。

　　"盖"字也指人身体上像盖子的骨骼及动物背部的甲骨壳,如:天灵盖、膝盖、乌龟盖儿。

　　"盖"字作动词用时,指由上而下地遮掩、蒙上,如盖被子、丑事被遮盖了。古时把伞称之为"盖"。现在有些方言中还有把伞叫做雨盖的。

　　"盖"字由本义引申指蒙上、遮掩,如:覆盖、欲盖弥彰、铺盖、遮盖。又引申指用印打上,如:盖图章、盖印、盖邮戳、盖钢印。

　　"盖"字又引申指制造,如:盖房子、翻盖,也指压倒、超过,如盖世无双。

　　"盖"字读作 gě 时,作姓氏用。

台湾有个旅游团，组织了一批游客来到了内蒙古的鄂尔多斯大草原。草原美景使他们心醉了。中午，牧民们将大家领进帐篷，只见美酒盛宴摆了七八桌，酒香肉香，真让人垂涎欲滴。

这批游客，大都是文化人，其中有几位是"台北谜语研究会"的要员，酒虽喝高了，但他们仍没忘了制谜猜谜。会长陈志见一盘盘羊肉端了上来，便下了道指示："诸位，羊肉端上来了，我看能不能立个规矩，先说个跟眼前景象有关的字谜，大家认可了，才能动嘴，好不好？"

众人齐声喊好。老刘第一个出谜，他指着一条羊腿说："一口咬去多半截！"有人随口说："'多'字去半截，这是个'夕'字。"

陈会长微微点头，表示认可，但不太满意。

吴先生举手要求出谜。他说："一口咬掉牛尾巴！"

老刘不满地说："鹦鹉学舌，我说咬半截，你说咬牛尾巴。这是个'告'字。"说罢，他把吴先生面前的半截羊尾巴抢走了。

王先生说："既然不许再说咬尾巴，那我就来个砍掉羊尾巴，不见一点血。"

陈会长点头称妙，夸道："看来这是个'盖'字。上面的羊尾巴砍掉了。下面的'皿'字就是'血'字少一点。妙！妙！"

吴先生高声叫道："会长，羊尾巴放在盘子上，如何？"

会长一听，拍案叫道："更妙！更妙！"

众人要陈会长也露一手。陈会长含笑说道："那我就来个古色古香的——姜女既去，孟子不还。"

"姜"字去掉"女"字，"孟"字去掉"子"字，剩下的两部分不就是"盖"字么，老陈拔掉酒瓶盖子，举在手中说："来吧，干杯！"

五
人
说
「
盖
」
字

· 71 ·

含在嘴里的美味——"甘"

gān

甲骨文

金文

小篆

隶书

楷书

"甘"字出现得很早,在甲骨文中就有了。它与"口"字很接近,只不过在"口"中加了短短的一横。这一横是指另一件事。指什么事?它是告诉人们,人口中含物,而且味道鲜美。这鲜美的味道留在口中,不愿吞咽下去,要含着细细品尝,慢慢咀嚼,尽情享用。这口中的一横,就是指一切美味。因此,甘的本义是指美味,尤其是美味中的甜味。所以就有甘甜、甘泉、甘蔗这类词。

后来金文和小篆的"甘"字也是这个形状,几乎没什么改变。这是一个指事兼会意字。

"甘"与"苦"是相对应的,所以又有了甘苦、苦尽甘来这些词。

人们把美味含在口中舍不得咽下去,因此"甘"字又有了情愿、甘愿、乐意的意思。

"甘"字也是一个姓。

东晋《爨宝子碑》

隋·智永《真草千字文》

唐·褚遂良《孟法师碑》

明朝万历年间，到了应试的日子，各地的学子纷纷往京城赶考。合肥三位考生急匆匆赶路，傍晚时住进路边一家客栈。

三人刚在门口停下，女店主便迎了出来。看来这是位精明强干、热情好客的大嫂。她忙不迭将三人让进院子里，又拿出凳子让他们坐下，几乎是同时又摆下茶碗，拎来茶壶，为三位考生倒茶。

女店主为第一个考生倒茶时问："请问相公贵姓？"

这位考生为了显示自己有学问，站起来说："我叫十八子，大嫂猜一猜，我姓什么？"

女店主不假思索地说："李相公，请喝茶。"

女店主又问第二位考生："相公，贵姓？"

这位考生答道："易（亦）十八。"

女店主略一沉思，笑道："啊，杨相公，请用茶！"

女店主又走到第三位考生跟前，问："这位相公也要让我猜一猜么？"

这位考生弯腰打礼，说道："我双十八了。"

女店主随口说："啊，林相公请坐。"

三位考生一边喝茶，一边夸女店主有才学。其中一位考生站起来施礼道："敢问大嫂贵姓？"

女店主笑道："那就接着你们的话讲吧，我比你们都大四年就是了。"说完到灶间忙饭去了。

三个书生头碰头地商量着，还用手指在桌上比画着，计算着。十八加四为二十二，二十二是什么姓呢？

正在此时，院子外有人在喊"甘大嫂"。

三个书生一听，啊，二十二组合起来是"甘"字，她姓"甘"啊。

翘着尾巴奔跑——"赶"

gǎn

甲骨文

金文

小篆

隶书

楷书

　　"赶"字的繁写是"趕",这是个形声兼会意字。左边是"走"字,表明这个字跟行走有关。右边的"旱"是读音。简化为"赶",读"干"声。

　　古人对"赶"字的解释是:举尾走也。意思是指兽畜类翘着尾巴奔跑。

　　牛、羊、马、狗、虎、狼之类的动物,平时垂着尾巴,飞奔时后面的尾巴便会翘起,向前追赶猎物或逃跑。所以"赶"字的本义指追。

　　也有人认为,"赶"字指的是马奔跑的形状。因为马奔跑时,扬蹄翘尾,也是一副追赶的架势。这样说也有道理。

　　还有人根据"赶"字的繁体字分析,认为这是个会意字。因为它右边的"旱"字表示"旦"字高高举起,也就是红日当空,天气晴好,人们利用这大好天气急于赶路和做事。所以"赶"的本义也是追赶的意思。从这个角度分析,也无不可。

　　赶,即你追我赶,学先进赶先进。

　　"赶"字有追的意思,也就是不耽误时间,加快行动,所以称为赶任务、赶进度、赶路、赶时间。

　　"赶"字由赶路这层意思,又引申为到什么地方,如:赶集、赶考、赶庙会。

　　"赶"是个动作,又有驾驭的意思,如:赶驴、赶大车。还有驱逐的意思,如:赶蚊子。

　　"赶"还有遇到、趁着的意思,如:赶巧、赶上一场雨。

唐朝德宗贞元十四年间，京城长安出了个叫李贺的小神童，虽然年仅七岁，但出口成章，能吟诗作对。

大文学家韩愈听说后，对此半信半疑，就叫家人把李贺请到府上，让他当面作一首乐府诗。

李贺略一沉思，张口便来，惊得韩愈目瞪口呆。听李贺吟罢，韩愈已经对这个孩子很喜爱了，他说："贤郎真是当世奇才，前途不可限量啊！不过，在你回家之前，我打算写一幅字给你，希望你没事的时候多看看。"说完，挥笔泼墨，写了一个"趁"字。

李贺接过字，歪着小脑袋想了一下，嫩声嫩气地说道："我知道大人送我这个字的意思了，'趁'字是'走'和'旱'相加而成，大人是希望我今后珍惜时间，抓紧时间，不停地走，不停地赶，不然便会埋没了我的才智。"韩愈点点头，忍不住哈哈大笑。

从那以后，李贺的名声更大了，后来终于成了位大诗人。

李贺说『赶』字

手持猎叉刺野猪——"敢"

gǎn

甲骨文

金文

小篆

敢

隶书

敢

楷书

甲骨文的"敢"字是个会意字，它为我们描绘了一个惊心动魄的打猎场景。字形的下面是一只手，也就是"又"字，这只手握着猎叉，也就是"干"字，猛地刺向上面的野猪，也就是倒写的"豕"字。这个字读shǐ，指猪。这个场景表示猎杀野猪时，人们勇敢进取。金文的"敢"字由甲骨文演变而来，但变化较大，"豕"形已不太像。小篆的字形由金文演变而来，变化就大了。隶变后的楷书写作"敢"，如今成了规范字。

也有人认为，"敢"字是个左右结构的形声字兼会意字。上面是"豕"，下面是"双"，这两个字是形符，指双手逮住野猪。当中的"甘"字是声符。

远古时代，野猪尚未驯化，它非常凶猛，人们赤手空拳逮野猪是非常勇敢又有胆量的，所以"敢"字的本义"指有勇气、有胆量"。如：有勇气，有决心去做或去争取称"敢于"；勇敢果断称"果敢"；敢干、敢说、敢为，有勇气做别人没有做过的事称"敢为人"。敢想、敢死队等都是有勇气、有决心的意思。

"敢"字由本义引申指"冒昧地请求别人"，如敢请、敢问。

"敢"字假借指"莫非、恐怕是"。如表示发现原来没有发现的情况，或表示情理明显，不必怀疑称"敢情"；表示大概是、莫非称"敢是"，"岂敢、敢烦"也有这种意思。

无锡东门中学的杨老师，今天讲"敢"字。他出了个字谜问大家："存心装憨"是个什么字？

同学们齐声回答："是'敢'字！"

金一鸣建议道："杨老师，太简单的字谜就不用猜了，还是让大家讲关键字的故事吧！"

杨老师说："好哇，那你就讲个你一生中最勇敢的事。"

金一鸣挠挠头皮说："我这人胆小，没做过什么勇敢的事，那我就讲勇敢的刘坤培吧！"——

我跟刘坤培上幼儿园就在一起啦。有一天上手工课，老师抓一把面粉，用开水调了一小盆糨糊放在教室里，准备给大家糊小风筝。

这盆糨糊冒着热气，放在讲台上，同学们围着糨糊议论起来。我提出个怪问题："这糨糊能吃吗？"有同学说："哪有人吃糨糊呀！"

我说："我奶奶常弄糊糊子给我吃。糊糊子不就是糨糊吗？糊糊子能吃，糨糊也能吃！"

有同学端起糨糊递给我："那你吃呀，吃呀！"

我吓得连连后退，不敢吃。

同学们正争吵着，刘坤培不声不响地用筷子挑了点儿，放嘴里尝尝。

同学们见刘坤培真的吃糨糊了，都叫起来："哎呀呀，刘坤培吃糨糊啦！刘坤培吃糨糊啦！"

正吵着，老师进教室了。刘坤培说："面粉能吃，开水能喝，开水和面粉加在一起也就能吃，不过太淡啦，不好吃，要加点盐呀油呀就好吃啰。"

我说："那不成了糊糊吗？"

老师说："糨糊脏了不能吃。刘坤培很聪明又很勇敢，他敢亲口尝一尝……"

杨老师夸金一鸣讲的故事情节生动，内容深刻，说出了"勇敢"的真正内涵。刘坤培听了诉苦说："为这事，我回家被我妈打了屁股，说我嘴馋，没说我勇敢！"

杨老师说："勇于探索，敢于试验，敢为人先，就是勇敢嘛。你的勇敢在于有分析，讲科学。有人说古代的'敢'字是个会意字。左边是'耳'字，上面一弯勾表示把耳朵塞起来，右边反文旁指手持武器，这两个字形结合表示不听任何恐吓和劝告，勇敢地去战斗。这种解释恐怕不合情理吧？哪及得上我们刘坤培既讲科学又讲勇敢呀。记住这个故事，智慧加上勇气才是勇敢啊。"

敢为人先

有楼顶楼台的"高"楼

　　古代的"高"字是一个象形字。在金文和小篆中，它的字形像一座高高的楼阁，上部是斜顶的房屋，中间是城楼，下部是楼台，还有一扇门。

　　"高"的本义就是表示楼阁的高耸，和低矮、卑微的意思相反，如：高楼、高空、高峰、高原、高潮等。

　　"高"由表示高低，引申为表示高度，如：他两米高。

　　超过一般标准或平均程度也常用"高"，如：高温、高速度、高质量、高效率、体温高。

　　"高"由高低的含义又引申为高远、高深。等级在上的也称为"高"，如：高级、高等、高年级、高水平。

　　刘邦是汉朝的开国皇帝，又功高盖世，所以被后人尊称为"汉高祖"。

　　岁数大的也称高，如：高龄、高寿。

　　"高堂"，原来是指高大的殿堂，现在是对父母的敬称。

　　价钱贵的也称"高"，如：高价。

　　表示热烈，如：兴高采烈。

　　表示敬词，如：高见、高论。

北魏·郑道昭《论经书诗》

北魏《孙秋生造像记》

从前，中国孩子的启蒙教育，大都是在私人办的私塾里完成的。在私塾里，一般只有一个教师，没有固定教材，全凭教书先生以自己的聪明才智，设法将文化知识传授给学生。

在私塾读书，主要是识字。教师一个字一个字地教读音，学生一个字一个字地死记硬背，学习效果较差。

民国初年，无锡洛社镇有位老秀才办的私塾颇有名气，连城里的孩子也送到他那儿读书。

老秀才讲究教学方法，用今天的话说，有点像快乐教学法。他把所教的字编成儿歌读，编成故事讲，孩子感兴趣，愿意学，也记得住。

这天教"高"字，老秀才先讲"高"字的字形字义，然后领着孩子们大声地唱："一点一横长，口字在中央，大口张着嘴，小口里面藏。"

这首儿歌，生动形象地将"高"字的笔画，按顺序表达出来，且朗朗上口，读几遍就记住了。

第二天教"磨"字。老先生先将学生带到村头的磨坊去参观，让大家看看什么是磨，然后带领大家唱："一点一横长，一撇下西洋，西洋两棵树，长在石头上。"

这首儿歌不仅顺口，而且有点传奇的色彩。下西洋看到西洋景。什么景？石头上两棵树。记住这个情景，也就忘不了"磨"字的字形。

又如:府"字，他教学生唱："一点一横长，一撇甩下乡，乡里有个人，只有一寸长。"

这首儿歌幽默有趣，使孩子们很轻松的记住这个字。

一
点
一
横
长

太阳升上了树梢——"杲"

gǎo

甲骨文

金文

小篆

隶书

楷书

"杲",是由"日"和"木"组成的会意字。

　　你看，日字放在木字上面，表示太阳已经高高地升上了树梢，大地一片光明，所以"杲"字表示光明。杲杲，太阳明亮的样子。

　　"杲"，也是一个姓。

汉砖欣赏

西汉元狩二年，大将军霍去病击溃匈奴四万余人，剩下的残兵败将见大势已去，便假装投降，准备再伺机造反。

霍去病对这些人的归顺之意根本不相信，所以一直留了个心眼，安插了数名亲信在他们的内部，他们刚开始密谋，霍去病就知道了。可不知他们在什么时候行动。

这天一早，霍去病在大营外巡视，走着走着，忽然发现所有匈奴人的营帐外都写着一个大大的"杲"字。霍去病一看，心里有数了，把所有的将领召集来，说："看来这些投诚的匈奴今天中午就要行动了，大家快去准备吧！"众将问他如何得到消息的，霍去病说："'杲'字上面是日，下面是'木'，表示太阳升到了树顶上，所以我推断一定是中午。"

果然，大批匈奴人发起攻击，但霍去病早有准备，将他们杀了个片甲不留。

霍去病解『杲』字

"告"诉别人这牛抵人

gào

甲骨文

金文

小篆

隶书

告

楷书

甲骨文、金文和小篆的"告"字，都是上下结构的会意字。它的上部为一个去掉尾巴的"牛"字。下面为一个"口"字。

有人认为，"告"字是在牛嘴上加个铁箍，防止它偷吃庄稼，是桎梏的意思。

有人认为，"告"字是"槁"字的本字，字形表示在一头牛下面放一个食槽，表明是饲养牲口的地方。

还有人认为，"告"的字形像一颗被砍下的牛头，盛放在供桌前的盘子中。这里的"告"表示用牛头祭祖，也表示人们祭告时祷告。

东汉的许慎认为，"告"字上面是"牛"字的简写，下面是"口"字，意思是用嘴告诉别人这头牛抵人，所以"告"的本义是告诉。

"告"字在现代汉语中最常见的用法还是当告诉讲，还可引申为报告、上告的意思。如古时候官员因生病向上级请假，称为告假或告病。年纪已大的官员辞官回家叫作告老还乡。

"告"还可以作为姓氏。

《说文古籀补》

东晋·王羲之《澄清堂帖》

宋·米芾《草书帖》

南京的王老汉已退休多年，在家养尊处优，一日三餐，山珍海味，几年下来，便成了"三高"人士：高血压、高血脂、高血糖。王老汉得了这三种病，不得不常跑医院：今儿测血糖，明儿量血压，后天去买药。他成了医院的常客，就连那些推销保健品的业务员也盯上了他。有位推销"天神"保健品的小王，竟认他做干爹，上门来推销产品。

小王按广告词读给王老汉听："天神包治糖尿病，服用三个疗程就能大块吃肉，大碗吃饭，不再服药，血糖正常。"

王老汉经不住诱惑，花三千多元，买了三大包"天神"。他吃了三个多月，血糖非但没降，反而高出一倍，继而出现并发症症状。幸亏住院治疗，这才稳住病情。

这天，小王打来电话，邀请王老汉参加一个促销会，并请他作大会发言，答应奖他一个疗程的"天神"。

王老汉如约而至。他走上讲台，面对几百位病友，劈头问道："各位，你们看看手中的宣传广告，你知道，这'广告'的'告'字为什么这样写吗？"

台下听众惊奇地望着他，没人回答。王老汉压住怒火，用手指在半空中一笔一画地说："上面是个'牛'字，下面是个'口'字。用嘴吹牛，就是'告'。'天神'的广告全是假的，都是吹牛、骗钱、害人。"他这几句话，如雷震耳，听得全场人目瞪口呆。

老汉拿出病历和化验单，讲了自己受骗的经历，台下的病友们听了，纷纷议论开了。王老汉怒斥"天神"保健品的消息，不胫而走，当地媒体作了详细报道，市民们对王老汉戏说广告的"告"字，都拍手称妙。

王老汉怒斥假广告

两可为"哥"

gē

哥
金文

哥
小篆

哥
隶书

哥
楷书

小篆的"哥"字，是由上下两个"可"字组成的。它的本义是指声音。也就是发出声音的话语。由于唱歌是最美的声音，也是很响的声音，所以"哥"字在古代就是歌唱，与"歌"字同一个意思。后来出现了"歌"字，"哥"才用作同辈中年纪比自己大的男子，称为"哥"，如：表哥、堂哥、老大哥、王大哥。

"哥"字的本义为什么是指"声音"呢？这两个"可"字是什么意思？

说到"哥"字先得说说"可"字。

在甲骨文里，"可"字是个会意字。它的左下方是个"口"，表示声音是从"口"中发出的，"口"的右上方那一横一折，是个符号，表示人的手掌或右手臂弯曲的形状。

这弯曲的形状表示什么意思？有人猜测，这是人们在万不得已的情况下，用手捂住嘴，低声交谈或防止咳嗽。

为什么低声交谈，又要防止咳嗽？这就得考虑古人在伏击野兽或偷袭敌人时，不能发出响声，因此，"可"的本义是指许可，准许。两个"可"重叠在一起，表示双重许可。既然双重许可，那就可以放声歌唱了，这就是"哥"字的来历。

唐太宗《淳化阁帖》　　　宋·苏轼《停云馆法帖》　　　宋·黄山谷《三希堂法帖》

抗日战争时期，大汉奸汪精卫在日本人的扶持下，于 1940 年 4 月，在南京建立傀儡政府，当上了汪伪政权的主席。

汪精卫心中有鬼，他时时防人暗算，一直心绪不宁。

这天傍晚，汪精卫穿上便服，独自上街散心解闷。他走到鸡鸣寺附近，见路边有个测字摊，招牌上写着"字有三解，可知一生"八个字。一位花白胡子老头坐在那儿闭目养神。汪精卫好奇，便走了过去。老头见来了顾客，开口问道："先生，可要测个字，预知祸福？"说罢，递上个布口袋，让汪精卫摸一个字。

汪精卫也不答话，伸手在布口袋里摸出个字，一看，是个"哥"字。

测字老头一看"哥"字，又看看汪精卫，说道："先生，你这哥字有三解。哥者，两可相加。第一解，可父可师。第二解，可敬可佩。"

汪精卫听了，心中暗喜。他觉得自己现在是政府主席，地位显赫，确实是可父可师。又想起自己少年时代，曾有行刺清朝摄政王的壮举，也确实风光过一阵子，这也算得上可敬可佩。

想到这儿，汪精卫认为这测字老头水平可不一般，连忙问："这哥字的第三解呢？"

测字老头又闭目养神，说："这第三解可谓天机，明日再说。"

汪精卫不想暴露自己身份，丢下几个零钱，快快而去。

第二天傍晚，汪精卫又来到测字摊前，但已不见老头的身影。再一看，只见地上用白粉笔写着一行大字："哥字第三解，可剐可杀。"

汪精卫看了，顿时头晕目眩，差点昏倒在地。

『哥』字三解

人多嘴杂各说"各"

gè

甲骨文

金文

小篆

隶书

楷书

　　甲骨文、金文、小篆的"各"字,写法基本相同,分上下两部分。但人们对它的理解却不同。

　　有人认为,古代的"各"字,上面像人的脚,下面的字形像人住的洞穴,表示人由外面来到住的地方,正巧与"出"字相反。这"各"字的本义就是指来、到、至的意思。后来借用为指示代词,表示不止一个、每一个的意思,如:各自、各种各样。

　　古人为什么将"各"作指示代词用,表示不止一个,或表示彼此不同呢?看来这与相对的"出"字有关。"出",表示向外出去,"各",表示由外进来,正巧相反。一进一出,不一致,这就有各行其是的意味,也就显得各不相同了。

　　这个说法,似乎不能令人信服。有学者认为,"各"字的上半部分指人,而且是许多人。下面是"口"字。"口"字用来说话,表达自己的愿望。两部分结合在一起,就是许多人在一起,各人说各人的,这就把"各"字现在用的词义解释清楚了。各有千秋、各自为政、各个、各别都是这层意思。

东晋·王羲之《淳化阁帖》　　　　宋·米芾《三希堂法帖》

江苏有家出版社，退休老人每月到社里聚一次。但现在许多人都搬到郊外过乡村生活了，大家约定，轮流做东，上门聚会。

这天，轮到老王做东，老刘、老朱、老吴七八个人结伴前往远在珠江镇的王府做客。老王在山脚小溪边租了农民一亩地，过起了王爷般的日子。这天下着小雨，大家心情却十分欢畅，汽车停在大门外，七八个老头子就开始打趣了。他们原先都是文史编辑室的，每个人肚子里都装满文字趣话，没等客人进门，老王便出了个字谜："诸位，有个字谜说出来，让大家猜猜，也算表达我王某的舒坦心情。"

老刘说："莫卖关子。天上下雨呢，说出来好让我们进屋喝茶。"

老王说："我家房子不寻常，坐落一条小溪旁。门外滴滴答答雨，门内太阳亮堂堂。"

老刘是个急性子，抢着说："王公，这种字谜还用猜吗？你这房子坐落山涧溪水边，不就是个'涧'字么？"

老王发觉没难住他，略一沉思，说："好，被你猜中了，下面还有一个，听着，'我家大门开，今有客人来。请先脱下帽，然后再进来。'"

众人一时难住了，一个个先忙着收雨伞，脱帽子，鱼贯进了大门。老王把客人让进客厅，忙着倒茶递烟，大家随意聊开了。

老刘是个认死理的人，他还在琢磨老王出的字谜呢。他暗自思忖：这四句话中，关键是"门开"、"客来"、"脱帽"、"进来"。门内有个"各"字，不就是"阁"么？"客"脱帽不是个"各"字么？想罢，他大声对老王说："王兄，你这明明是平房，怎能自称楼阁呀！你这四句话，说的就是'阁'字啊。"

老王一听，竖起大拇指："高，水平高，又被你猜中了！"

客人脱帽再进门

植物的地下部分——"根"

gēn

甲骨文

金文

小篆

隶书

楷书

　　小篆的"根"字，是个左右结构的形声字兼会意字。左边的木字旁是形符，表示跟树木植物有关，右边的"艮"字是声符，读 gèn。这两个字形组合在一起，指植物的地下部分。

　　树木花草之类的植物，不管是地下部分还是地上部分，都与"木"有关，所以"根"以"木"为形符。

　　古人为什么用"艮"字作"根"字的声符呢？因为"艮"有目视互不相让之义，又有"坚固、坚硬"之义，而"根"有相互交错缠绕之状，含互不顺从意味。

　　"根"还有根深蒂固、毫不动摇意味，所以"根"字用"艮"字作声符并会意。

　　"根"字的本义指"植物茎干下部长在地下的部分"，如：树根、草根、根苗、根茎、芦根、生根、根雕、须根、扎根、盘根错节。

　　"根"字由本义引申指"物体的基础部分和其他部分相连接的地方"，如：根基、根底、城根、根脚、耳根、墙根、山根、舌根、牙根、命根。

　　"根"字又引申指"事物的本源"，如：根由、根源、根本、病根、祸根、寻根。由此又引申指"依据、凭证"，如：根据、存根、票根。又引申指"彻底"。如：除根、根绝、根治、根除、根究。

　　"根"字也作量词用，如：一根绳子、两根棍子、一根钢管、一根筷子。一般多用于细长的东西。

　　"根"字也用来比喻子孙后代，如：这孩子是他们家的根。

　　"根"字也作姓氏用。

今天，无锡东门中学的杨老师，讲解了课文的关键字"根"字，他要同学们按自己的理解，谈谈对"根"字的认识。

金一鸣第一个发言："暑假，我跟爸妈到广东七星岩旅游。我看到一座山峰上有条瀑布奔腾而下，却没声音。再一看，原来瀑布是山上一棵大树的树根形成的。粗细不等的树根伸出泥土，钻过石缝，穿透岩石，直至山脚。又由山脚扎入地下，穿过一条石子路，将路基拱起，再钻出来，又将驳在湖岸上的石块胀裂，最后伸进山脚下一座小湖的湖水里……"

有位同学补充说："你这不稀奇。无锡马山有棵银杏树，树龄一千二百多年。树根盘根错节，整个村庄就坐落在这棵银杏树的树根上，有条根须从一户人家灶间里冒出来，当了这户人家好几代人烧火煮饭时的凳子呢。"

杨老师说："正因为树根这么扎实、广阔，它才称为根源、根本、根底、根基啊。"

刘坤培说："暑假我到九寨沟旅游，在三江源头，我终于找到了长江的水是从哪儿来的。我在半山腰上，看到一滴滴水珠从石缝里滚落下来，汇成小溪，一条条小溪流向水沟，一条条水沟流向小河，一条条小河流向泯江，又汇入长江……这儿就是长江的源头，是长江水的根源。"

杨莎莉说："这就告诉我们，什么事情都有它的根源。去年，我们全家人脚上都长了癣，很难治。后来才弄明白，是我爸传染的。找到了病根，我们积极治疗，脚盆脚布分开使用，今年脚癣就治好了，难怪人们说要治根啊。"

牛皮·唐说："昨晚我们小区发生火灾。底楼有户人家搞装修，堆了不少木料塑料。楼上有个人吸烟，把烟头扔下来，点着了塑料，引发了火灾。依我看，那吸烟的人就是祸根。"

金一鸣颇为气愤地说："祸根是这些人缺乏社会公德，没有养成良好的行为习惯。"

刘坤培说："我们说了树根、祸根、病根、根源，还有一个寻根的故事哩。我外婆村上有位从巴西回来的老华侨，他将他父母的骨灰带回来，撒在家乡的小河边、田埂上。然后一个人在村头树林里跪着，嘴里还啃着从地上拔起来的草根。临走时，他带着一包家乡的泥土走了。我想，这就是寻根吧？"

树根的启示

脚的后部——"跟"

gēn

甲骨文

金文

小篆

隶书

楷书

小篆的"跟"字，是个左右结构的形声字兼会意字。左边的足字旁是形符，表示跟脚有关，右边的"艮"字是声符，读 gèn。这两个字形组合在一起，指人脚的后面部分。因指的是人的脚的部位，所以"跟"字用"足"字作形符。

古人为什么用"艮"字作"跟"字的声符呢？因为"艮"字是"根"字简省的写法。"跟"是指脚的后部，这儿是支撑人全身的根本，重量都由这儿承载，这儿是人的根基，所以"跟"字用"艮"字作声符并会意。

隶变后的楷书写作"跟"。

"跟"字的本义指"脚的后部"，如：脚跟、脚后跟。

"跟"字由本义引申指"鞋袜的后部"，如：脚跟、脚后跟。

鞋或袜挨近脚跟的部位称"后跟"或称"鞋跟"。

"跟"字又引申指"随在后面，紧接着"，如：跟在后面作同样的行动，或指随从人员称"跟随"；紧紧跟在后面称"跟踪"；随同某一劳动集体或某一学习集体一起活动称"跟班"，旧时跟随在官员身旁供使唤的人称为跟班儿的；在后面紧接着向同一方向运动称"跟着"；在互联网上跟随他人发表帖子称"跟帖"。

"跟"字又指"对、向"，如：我跟大伙说过了。

"跟"字也表示指嫁给某人，如：她跟大爷几十年了。

因失去平衡而摔倒或向下弯曲而翻转的动作称"跟头"。

身体向下翻转，而后恢复原状称"翻跟头"。

　　翻跟头，也称翻跟斗、翻斤斗，这是儿童游戏。成年人除了表演杂技，翻个头不着地的空心跟头，谁还会玩这个游戏呢？

　　却说从前苏北农村有位忠厚老实的庄稼汉，姓潘，名银斗，娶妻乜氏。这"乜"字是稀姓，读 niè，另外还有人读音 miē。除了作姓氏用，也指斜着眼看人，表示不满、轻视之义。

　　这对夫妻对长辈都很孝顺。这年，潘银斗的父母先后去世，为了表示孝心，夫妇俩特地请来七八位和尚到家里做道场，也就是由和尚念经做法事，以超度父母的亡灵。

　　有位做法事的和尚，大约是领头的。此人初通文墨，识字不多。按程序，由他诵读孝子名单，给父母牌位跪拜，他大声叫道："孝男——翻跟斗——"。

　　站在一旁的潘银斗听了，愣了一下，继而想："恐怕父母在阴间遭罪，要我翻跟斗为二老赎罪吧？"想罢便在父母牌位前的空地上，连翻了几个跟斗。和尚一见，傻眼了，忙拉住他，此时潘银斗人因连翻了七八个跟斗，已气喘吁吁了。和尚叫他站到一边，又继续叫道："孝媳——也氏——"。

　　潘银斗一听叫他妻子也是这样，吓得赶紧向和尚求饶："大师傅，使不得，使不得。我妻子身怀六甲，不能翻跟斗呀，实在要翻，由我代替吧！"说罢，趴到地上，低头又要翻将起来。和尚不知这孝子为何如此，为平息事态，他挥挥手说："你就代她磕个头吧！"

　　说来笑话一场。这事儿阴差阳错，全怪识字不多的和尚，他把"潘银斗"读成了"翻跟斗"，把"乜"氏读成"也"氏，潘银斗误以为"也"是啦。

孝子翻跟斗

· 91 ·

用犁耙翻"耕"土地

gēng

甲骨文

耤

金文

耕

小篆

耕

隶书

耕

楷书

古代的"耕"字,是个左右结构的形声字兼会意字。左边的"耒"字是形符。这个字读 lěi,表示与耕田劳作有关,右边的"井"字是声符,读 jǐng。两形合一,表示用农具翻松土地,这与我们现在依然可看到的,农民用牛耕田,用钉耙翻地一样。

古人之所以用"耒"字作形符,因为"耒"就是古代的一种犁。耕田离不开犁,同样,"耕"字离不开"耒"。

"耕"字为什么用"井"字作声符呢?我国奴隶社会时期,奴隶主为计算自己封地的面积,也为了监督奴隶劳动,就把土地划分成许多方块,这些方块排列得像"井"字形,所以叫作"井田制"。因耕作与田地有关,所以"耕"字用"井"字作声符并会意。

"耕"字的本义指犁田、翻地,泛指从事各种农田劳作。用来耕地的牛、马、骡子等牲畜称为"耕畜"。用犁翻松土地叫耕地,耕田、耕耘、耕种、耕作、备耕、春耕、代耕、冬耕这些词都是这个意思。还有成语耕云播雨、刀耕火种、精耕细作、男耕女织等,也是这个意思。

"耕"字由耕地劳作这层意思,引申指某种事业或工作,如:依靠教书为生的人,是靠用舌头讲话来教学生的,这称之为"舌耕";用笔写作称之为"笔耕",这就是伏案笔耕、笔耕不辍。

中国古代的算命术中，最重要的，恐怕要数测字了。测字术远在东汉时期就出现了，到了宋朝，几乎达到了高潮。时至今日，测字这一现象，仍在一些相信迷信，热衷于星相巫术的人群中盛行。

现在以测字谋生的人恐不多见，达到古代测字名家水平的人也凤毛麟角，很难见到。但总有那么一些人，识得几个字，又从旧书摊上买到几本《测字大全》之类的非法出版物，经一番潜心观察，随机应变，便有了测字的本钱，私底下干些算命打卦、测字占卜的事儿，弄两个零钱花花。干这种事，大都在农村或小镇，骗骗那些缺少文化的老头老太太们。

却说苏北阜宁县益林镇有个叫胡得先的人，六十出头，为人聪明好学，精通阴阳八卦，善于拆字解字，帮人排忧解难，在当地颇有名气，人称"胡大仙"。如今虽说干这事儿公开不得，但总有人求上门来，他也就来者不拒，担当此任了。

这天，胡大仙到离镇不远的张吴村亲戚家喝喜酒。喝完酒回家时，在村头碰到正在耕田的吴老汉。因彼此都是熟人，吴老汉"吁——"喝住牛，扶着犁对胡大仙说："伙计，我家小老巴子外出一年多了，说好这个月回来，怎还没到家呀？你能不能帮我测个字，看究竟哪天回来？"

胡大仙问："测个什么字呢？"

吴老汉说："我识的几个字都拌饭吃掉了，你就测耕田的'耕'字吧！"

胡大仙心中暗喜，装模作样地沉思起来。他两眼瞄瞄四周，正等着几个看热闹的人围拢过来呢。他见人来得差不多了，便提高嗓门说："吴大爷呀，你就放心吧，你家小老巴子三天内准定到家。若我测错了，认罚！"

有人嚷道："凭这'耕'字，咋就知道呢？"

胡大仙在手掌上比划着："这'耕'字左边是个'耒'字，这是'回来'的'来'。右边呢，是个'井'字，这'井'字是'乡井'的'井'，'市井'的'井'，'背井离乡'的'井'。这'耕'字在告诉你，他很快就回到家乡啦。"

他这一说，众人都点头称是。更奇的是，第二天中午，吴大爷的小儿子便从深圳回来了。

吴大仙为何测得这么准？真是无巧不成书。就在酒桌上，有人无意间提到，说在深圳火车站，见到过吴大爷的小儿在排队买车票。你想，他三天内还能不到家吗？

响铃之类的乐器——"庚"

gēng

甲骨文

金文

小篆

隶书

庚

楷书

甲骨文的"庚"字是个象形字，字形像两边有耳把可摇的响铃一类的乐器，犹如后来民间常见的拨浪鼓。金文的"庚"字字形与甲骨文字形大体相同。小篆的字形由甲骨文演变而来，但有所变化，两边的耳把变成了两个"又"字，像两手捧着"干"字形，隶变后楷书写作"庚"。本义指"响铃之类的乐器"。

对"庚"字的字形有多种解释。有人认为，小篆的"庚"字，像两手捧着"干"字。这"干"字指两手持枝干，指树杈之类。

也有人认为，甲骨文和小篆的"庚"字，不是指可摇动的响铃，也不是指枝干，而是指日常生活用的筛米去糠之器，小篆后加的两只手，使这一意义更加突出。

还有人认为，小篆的"庚"字，像双手摘取草木上的果实。"庚"字的本义未见于文献，颇有争议。后世所使用的"庚"字都是假借义，指天干中的第七位：甲、乙、丙、丁、戊、己、庚、辛、壬、癸。1900年，清朝光绪二十六年为庚子年，清政府被迫付侵略中国的八国联军巨额赔款，史称"庚子赔款"，简称"庚赔"。

"庚"字后来被用来指"年龄"。如问人家多大年纪时称"贵庚"；年龄也称"庚齿"；同龄称"同庚"。

旧时男女订婚，双方交换帖子，上面写着订婚者的姓名、生辰八字、籍贯、祖宗八代等内容，大多与年龄有关，故称"八字帖"，也称"庚帖"。

"庚"字也作姓氏用。

测字这行当，在旧时代可了不得，能成全好事，也能拆散鸳鸯。一个字，有多种测法，全凭测字先生一张嘴和一片心了。

却说民国年间某天，南京夫子庙测字大师胡铁嘴家来了位小伙子，可怜巴巴地央求胡铁嘴："胡大爷，救救我。明天有人来找你测"庚"字……"

这小伙子是江宁人，与吴姑娘情投意合，双方家长也点头认可，相互交换了庚帖。事儿就出在这"庚帖"上。女方父母请来位测字先生，要他以"庚帖"的"庚"字测未来女婿的前程。这测字先生把"庚"字说成"庸"字头，里面是个"人"字，断定这是个没出息的庸人。还说这"庚"字里有把扫帚，说这人是个扫帚星，败家子。女方父母一听犹豫了，说要到南京夫子庙找最出名的测字先生再测测……

胡铁嘴见小伙子眉清目秀，面有善相。听罢他的叙述，知道这孩子遇上了个测死字、死测字的庸才，便安慰他："好吧，明天到文德桥找我吧。"

第二天，小伙子领着女方父母，显出东问西找的样子，来到胡铁嘴测字摊前。小伙子很机灵，借口买糕点走开了。

胡铁嘴问："二位问什么事，测什么字？"

女方父亲掏出"庚帖"，指着"庚"字说："问小女婚姻大事，测这'庚'字。"

胡铁嘴故意问："刚刚那位是贵公子？"见二人面有尴尬，随即说："这'庚'字好哇，有破格相庆之状啊。千金尚未出嫁，即有喜庆之相了！你看这'庚'字外面是庆字头，里面的'ヨ'字形，有破格之状，向'庆'字靠拢。这是个吉祥字呀。"

女方父亲听了，面有喜色，但仍不放心地问："这'庚'字内外不是有'庸人'之相么？"

胡铁嘴故意夸道："先生高才，说的是内行话，但你只知其一，不知其二。测字这行当，庸人说庸话，心黑说鬼话。这'庚'字里有个'ヨ'字，形似扫帚头，你能说它是扫帚星吗？在我看来，这是庭前一人持敝帚。这个人手持一把破扫帚在扫地，说明此人既勤劳，又节俭，是个会过日子的人。敝帚自珍，是好品性啊。"

坐在一旁的老太太问："这人良心怎样？"

胡铁嘴指着"庚"字说："从字形上讲，外面是'广'字头，里面有慧人之心，这样的人到哪儿找？"

这番话，说得两人喜上眉梢，笑逐颜开。

广结慧人心

匠人使用的"工"具

gōng

甲骨文

工

金文

工

小篆

工

隶书

工

楷书

"工"字是个象形字。甲骨文的"工"字，像斧头之类的工具：上半段是握工具的把手，下半段是斧头的锋刃。到了金文字形略有变化，变得很像一把铲子。到了小篆，为了书写方便，把斧头下面的那锋刃变成了一横，这就是我们今天写的"工"字。

也有人认为，"工"是古代工匠使用的曲尺，这也是一种工具。因此，"工"字的本义是指工具。手拿工具干活的人是木匠、瓦匠、铁匠……这样"工"字又引申指干活的工匠、工人。

随着词义的发展，"工"字泛指有各种技艺的人，如：矿工、纺织工、漆工等。这样，"工"字又指工作、劳动、工程，也就有了工地、工期、加工、施工、竣工等词汇。

也有人提出不同的看法，认为"工"字的上下两横是两根绳或线，也可能是两块玉石或木板之类的东西，当中那一竖，是将上下贯穿起来的东西，所以认为"工"字的本义应该是贯穿。而要将上下贯穿起来，需要耐心、细心，要有一定的技巧，要按一定的规则去做，所以"工"字有细致、精巧、精致的意思，如：工巧、工笔、工细、工稳等。由"工"字的精巧等含义，又引申出擅长、长于的意思来，如：工于心计、工诗擅画。还引申出技巧的含义，如：武工、唱工、做工。

"工夫"一词有所不同，它指空闲时间，也指做事花费的时间、精力。其实，对"工"字上下两横的这种解释有点儿勉强。既然"工"字有工匠、做工、加工的意思，很自然就引申出精巧、擅长等意思了。

"工"字也作姓氏用。

有一伙大学毕业三十年的同学在南京聚会。酒宴上，众人在欢笑声中争相入席。有按同乡一桌的，有按同姓一桌的，有按吸烟一桌的，有按能豪饮入桌的。唯独老工、老其、良女士几位，他们按自己的姓属稀姓而坐到一桌了。

老同学分别三十年，有谈不完的话，喝不够的酒。这时有人提议：都是文科高才生，今日相逢，不能喝寡酒，也得学学文人雅士，来个行酒令。各人以自己的姓氏为头，吟上几句。

老工自告奋勇打头阵，他朗声吟道："工字本是工，加力便是功，除却功边力，加丝便是红。俗话说，人无千日好，花无百日红。"

众人虽嫌他这番话有点儿悲凉，但还是鼓掌喝彩，以示鼓励。接着老其登场。他吟道："其字本是其，加水便是淇，除却淇边水，加欠便是欺。俗话说，马善被人骑，人善被人欺。"

众人斥道："你这家伙虎背熊腰，只会欺人，谁敢欺你？"大家欢笑一番，良女士登场。她吟道："良字本是良，加米便是粮，除却粮边米，加女便是娘。俗话说，卖田不卖粮，嫁女不嫁娘。"

众人听罢，纷纷打趣道："你已儿女成行，该嫁女儿了，为你干杯！"

说罢，这些年已半百的昔日同窗，纷纷举杯，一饮而尽。

努力工作劳动——"功"

gōng

甲骨文

金文

小篆

隶书

楷书

小篆的"功"字是个左右结构的会意兼形声字。

先说形声。"功"字的左边是"工",表示读音。右边是"力",表明与出力气劳动有关。由此可见,"功"的本义是工作,生产和劳动是干出力气的事。看来,古人当时只看重体力劳动,还没有把脑力劳动计算在内。

"功"字左边的"工"字,在甲骨文中是个象形字,属于劳动工具一类的东西,本义是指工人、手工劳动者。用在这儿也是这个意思。再加上右边的"力"字,就表示手工劳动者正在出力气干活。它的本义也是指工作和生产劳动。

生产劳动会创造出成果,所以"功"引申出业绩的意思,如:功劳、功勋、功业、功臣。

有了业绩,表明这就是成就,这就是效果,如:成功、大功告成、事半功倍、功败垂成。

劳动时要出力气,要勤奋努力,这就是用功、下苦功。

下了苦功,掌握更多的本领,这就是功夫、基本功、唱功、功底。

唐·欧阳询《九成宫醴泉铭》

木简

唐·颜真卿《裴将军诗》

关于"功"字，有一则"工作加努力才能成功"的文字故事。

美国有位著名的企业家卡罗尔，他在中国工作了一段时间，特地请一位书法大师为他写了一个大大的"功"字，挂在办公室里，并说要带回美国。

许多人不理解，说中国有那么多字，为什么偏偏写这个"功"字呢？

卡罗尔回答道："中国人最会说文解字，这几年，我也跟着学了一点儿。我最感兴趣的是成功的'功'字。这'功'的一边是工，另一边是力，我想你们祖先造这个字意思就是，想要成功，必须得工作加努力，这正是我所信奉的。我把这个字带回去，要挂在我的办公大楼门口，让每个员工天天看到它。我要让他们记住，只有加倍努力，才能成功这个道理。"

大家听了，无不点头称是。

工作加努力才能成功

汉砖欣赏

对人尊重"恭"敬

gōng

甲骨文

金文

小篆

隶书

楷书 恭

　　古代的"恭"字,是个上下结构的形声字兼会意字。下面的"心"字是形符,表示跟人的心理活动有关,这个"心"字的字形像竖起来的样子,上面的"共"字是声符,读gōng。两形合一,指"有礼貌,对长辈或客人敬重"。

　　敬重他人,必须诚心诚意,而非虚情假意,所以"恭"字以"心"字为形符。

　　古人为什么用"共"字作"恭"字的声符呢?因为"共"有"公共"、"许多人共事"的意思,而许多人相处在一起,每个人就必须约束自己,这样才能做到尊重别人。所以"恭"字以"共"字作声符并会意。

　　"恭"字的本义指"有礼貌,对长辈或客人敬重",也可说在外形上严肃、肃敬,对人谦让宽和。

　　有人认为,"恭"字的本义指"大家共同恭敬",这恐怕有点勉强。

　　还有人认为"恭"字中的"共"指"公共","心"指对公共的谦卑与敬重,因心敬而谦恭。他们认为,公共的利益高于一切,应该放在被尊重的首位。但在日常生活中,人们接触较多的,还有人与人之间的往来,尊重的对象,还是以个人居多。所以"恭"字的本义,还是体现在对长者和客人的敬重上。"恭"字的本义也在于此。

　　人们把恭敬谨慎称为"恭谨";把对长者或宾客尊重而有礼貌称为"恭敬";恭敬顺从称为"恭顺";祝贺人家喜事称"恭驾"或"恭喜";谦虚而有礼貌称为"谦恭";恭敬地等候称为"恭候";恭恭敬敬地听为"洗耳恭听"。

　　"恭"字被假借指"排泄大小便",如:恭桶、出恭。

　　"恭"字也作姓氏用。

　　翻开我国历史，你会发觉，从汉朝末年公元 220 年算起，到隋朝统一的公元 581 年，其间经历 361 年之久。在这三百多年间，人们称之为"魏晋南北朝"时期。《三国演义》为人们所熟知并津津乐道的是刘备、关公、张飞、曹操、诸葛亮、孙权，至于延续二百多年的晋朝，就知之不多了。耳熟能详的就是大书法家王羲之和大诗人陶渊明。

　　晋朝又分为西晋和东晋。东晋建都建康，就是今日的南京。这段时期的历史，非常复杂，不是一两句话说得清楚的。我们今天单说东晋有位名叫王薛的大将的一段小故事。

　　东晋孝武帝死后，大权落到他弟弟司马道子手中。司马道子任用王国宝这类奸恶小人，乱了朝政，引起镇守在京口，也就是今日镇江的大将军王恭的不满。王恭就暗地联合驻守在江陵的殷仲堪共同起兵，讨伐王国宝，并写信给司马道子，扬言不日大军即将进京，扫除奸佞。司马道子为了保全自己，将王国宝斩首示众，请王恭撤军回京口。

　　过了一年，司马道子自以为力量强大，要清除王恭的势力。王恭闻讯，再次联合殷仲堪，相约起兵杀往建康。王恭的部将刘宇之劝道："背叛朝廷之事，不可一再而行。"王恭不听，联合三路人马，向建康进攻。岂料，刘宇之不愿见到自相残杀的局面再发展下去，他在征途中倒戈，将王恭活捉，押往建康。后王恭被斩，刘宇之代王恭驻守京口，各路叛军纷纷败退，东晋王朝躲过了一场危机，但离灭亡也为时不远了。

　　说这段历史，其中有段故事。就在王恭准备发兵攻打建康时，京口街市流传一首童谣：

洪水刚退心底安，
黄头小人来作乱。
三横一竖要称王，
挥起金刀将头砍。

　　不必细说，诸位也看得出，第一句指的是"恭"字，第二句指的还是"恭"字，第三句指的"王"字，第四句指的是繁体的"刘"字。这首儿歌暗示，王恭谋反，将被刘宇之所杀。此童谣如若事前就有，那就是有人借此造舆论；如若事后才有，就属后人编造的文字游戏了。

黄头小人来作乱

与私相背为"公"

gōng

甲骨文

金文

小篆

隶书

楷书

　　甲骨文和小篆的"公"字，字形相似，是个会意字，它由"八"和"厶"组成。"八"为古代的"北"字，有相背的意思，又因为"厶"为古字"私"字，合起来就是背私，与"私"相对立就是"公"。其本义指属集体的、大家的，如：公产、公房、公费、归公、公而忘私。

　　也有人认为，"八"字的一撇一捺向两边分开，有分的意思。而"厶"，是指蚕丝。两形相合，表示古代部落的人，在公平地分配蚕丝或丝织品。本义指公平、平等，如：公平、秉公办事。

　　两种说法，在现今的"公"字中都得到充分的体现。由本义引申为属于国家或集体的事，如：公安、公案、公民、公文、公证。

　　既是国家的，又引申为共同的，大家认可的，如：公德、公敌、公法、公害、公举、公路、公墓、公园、公约等。

　　由此又引申为让大家知道，如：公布、公报、公开、公审、公告。再引申为公正合理，如：公道、公理、公心、公平、公正。

　　"公"，假借为指雄性的，如：公畜、公鸡、公牛、公羊、公猪。又假借对老年男子的尊称，如：舅公、叔公、太公、外公。还假借指丈夫的父亲，如：公公、公婆。

　　"公"，也指公制的计量单位，如：一公尺、一公分、一公里。

　　"公"，是我国古代五等爵位的第一等：公、侯、伯、子、男。君主的子女称公子、公主，后也用来尊称别人的儿子为公子。

《三国演义》里有个人叫蒋琬，零陵湘乡人，曾在刘备手下当过小官。刘备入蜀后他被任命为广都县令。因为他成天喝酒，不问政事，刘备气得要杀他。多亏诸葛亮求情，救了他一命。

蒋琬被撤职后，闷闷不乐。这天他做了个梦，梦见一头牛站在他面前，头上鲜血直淌，蒋琬被这噩梦惊醒了。

起床后，蒋琬找来善于解梦的赵直，请他来分析是祸还是福。

赵直听罢，解释道："夫见血者，事分明也。牛角及鼻，'公'字之象，君位必将至公，此乃大吉之征也。"这句话的意思是，见到血，表明意思非常清楚、明白。牛角和鼻子，像"公"字的字形，这预示着蒋琬能得到三公的位置。

事实上，诸葛亮是一直看重蒋琬的，认为他是个有能力的人，不久，蒋琬又被任命为什邡县令。后来，刘备当汉中王时，他又入王府任尚书郎。诸葛亮任丞相时，他被任命为丞相府长史。诸葛亮几次北伐，蒋琬负责后勤保障，粮草兵员，供应充足，诸葛亮常常夸奖他。

刘备死后，诸葛亮曾秘密上表后主刘禅，说待他死后，可由蒋琬担当他的职务。

诸葛亮去世后，蒋琬担任尚书令，不久，刘禅又加封他为大司马，果然他位至三公，正如当初赵直解梦时所说。

蒋琬确有其人，位在三公，也确有其事，但是否做过这样的梦呢？不得而知。但我们把"八"字当成牛的两只角，"厶"字当作牛鼻子，不活脱脱一个"公"字么？这也很有趣。

蒋琬梦牛

刀柄上缠绕的绳——"缑"

gōu

甲骨文

金文

小篆

隶书

楷书

古代的"缑"字，是个左右结构的形声兼会意字。左边绞丝旁是形符，表明这个字与绳索或丝织物有关。右边的"侯"字是声符。其本意指刀或剑之类的兵器把柄上缠绕的绳子。

古人为什么用"侯"字作声符？因为古代的"侯"字是个会意字，本义指射箭的靶子，这些都与兵器有关，属军用物资之类。而刀或剑把柄上的绳索也在军用品之列，所以"缑"以"侯"作声符兼会意。

"缑"字作为书面语，指刀剑兵器柄上所缠绕的绳。

"缑"字，在古代作地名用。

现在的"缑"字，主要作姓氏用。这是稀姓，读 gōu，切不可读 hòu。

汉砖欣赏

我国主要姓氏已有 4000 多年的历史了。中国姓氏究竟有多少？北宋的《百家姓》收有 1968 个姓。

据统计，见于历史文献的姓有 6363 个。《现代汉语词典》只收录现代汉族姓氏 930 多个。目前我国姓氏大约有 3000 个。

有许多姓氏是很少见的，连"油"、"盐"、"酱"、"醋"也是姓氏呢。这儿说的"猴"姓，也很少见。说来还有段有趣的故事呢。

著名的相声艺术大师侯宝林先生，生前曾带着一群弟子，到旅顺海军基地慰问演出。演出结束后，驻军司令设宴招待侯先生及弟子们。

席间，驻军司令向侯先生敬酒。侯先生问："首长尊姓？"

猴司令用食指蘸酒，在饭桌上写了个"猴"字。

侯先生一看，哈哈地笑着说："哈，原来和我是一家呀。"

这可把猴司令闹糊涂了，连忙说："侯先生，我姓猴，跟汤沟酒的沟字同音。您老先生姓侯，这两个字不一样，读音不相同，我俩怎么是一家人呀？"

侯先生听罢，也用食指蘸了点酒，在饭桌上一边写，一边说："我姓侯，你这边也是侯，中间呢，是个绞丝旁，这就像一条绳子把咱俩连在一起了，这叫一条绳子上拴两个侯，谁也离不开谁，这不是一家人吗？"

猴司令恍然大悟，连声说："对，咱们是一家人。来，干杯！"说罢，大家高举酒杯，一饮而尽。

在场的人，无不赞叹侯先生杰出的艺术才华和深厚的文字功底。

一条绳上拴俩侯

灵敏机警的动物———"狗"

gǒu

从古至今,"犬"与"狗"是同一个意思,两字并用。甲骨文的"犬"字是象形字,字形像一条大狗。难怪孔子看到"犬"字时赞叹道:"视犬之字如画狗也。"

小篆的"狗"字是个左右结构的形声字。左边反犬旁作形符,表示与狗有关,右边的"句"字作声符,读gōu。这两个字形组合在一起,指"一种听觉、嗅觉特别灵敏、行动机警的哺乳动物,也叫犬"。

"狗"字与"犬"字的区别在于:古时候,大的称犬,小的狗崽子称狗。"狗"字作口语用,"犬"字作书面语用,"犬"字与"狗"字并存。但在现代汉语中,除了一些流传下来的词语外,其他基本上都被"狗"字所取代了。

"狗"字的本义就是指嗅觉听觉灵敏的家畜,也叫犬,如:狗窝、狗头、狗命、狗咬、豺狗、海狗、狼狗、猎狗、天狗、野狗、狗屁、落水狗、狗急跳墙。

"狗"字由本义比喻"帮助别人作恶的人",如:走狗、狗腿子、狗头军师、狐朋狗党、狗仗人势、狗胆包天。

狗
金文

狗
小篆

狗
隶书

狗
楷书

无锡梁溪谜语研究会的同仁，这天谈到了"犬"字与"狗"字的异同。大家惊叹，这两个字并存至今，相安无事，实属奇事。警犬、猎犬、牧羊犬；狼狗、野狗、落水狗不用细分，脱口而出。

会长马汉文说，他偏爱用"狗"字，他对"狗"字及狗本身有独到见解，甚至有点儿愤愤不平。他摆事实讲道理，说了一个狗的故事。

儿时我在苏北养过一条大黑狗，虽说是草狗，但有王子气质。它四腿修长，毛色乌黑闪亮。它跟我形影不离，即便我上学，它也送我一程，然后就守在路口，等我放学。我一个口令，一个眼神它就心领神会。我说它不是狗，它是个狗模样的人，它已融入到我的生活里。

我的三姑父有条大船，经常为我父亲运货。船常停在我家码头，有时让大黑狗趴在船头看守。我至今没弄明白，是三姑父存心将狗带走，还是它忘了上岸，随船走了？总之，大黑狗不见了。我抱着狗食盆在地上滚了又滚，哭得一口气憋住，差点送命。我大病一场，吓得父亲从无锡赶回来。据说狗是被我家三姑爷存心带走的，为的是帮着看船，但在南通装货时丢失了。

年底，一场大雪，纷纷扬扬下了一天一夜。第二天，当母亲踏雪推院子门时，怎么也推不开，好像有东西挡着。院外有人来帮忙，发现门外凸出一个雪堆，用铲子铲起，抖掉积雪一看，是条冻得像块石头、瘦得皮包骨头的大黑狗。母亲不敢声张，把它当野狗悄悄埋了。这事儿，是五十年后她才告诉我的。我也疑惑，这难道是我心爱的大黑狗吗？它能顶风冒雪，历经千里回到我身边吗？这是个谜。

世上有无数狗忠于主人的故事，可人们总是把最肮脏的字眼加在狗身上，这多么不公啊。在汉字"狗"字中，人们把声符"句"字，都解释为狗的叫声，或者解释为狗本性惯于"苟且偷生"，所以才用作声符并会意。狗的本性能定性为"苟且偷生"吗？一个苟且偷生、马虎从事的生灵，有那种执著的追求吗？能那样忠于职守、忠于主人吗？我们能不能换个思维，换个词汇，把"狗"字中的"句"字解释为"一丝不苟"呢？只有认真踏实、一丝不苟的生灵，才有那种一往无前、坚忍不拔的意志，千里迢迢去寻找它理想的天地啊。

千里回家的大黑狗

丧失父母的孩子——"孤"儿

gū

甲骨文

金文

小篆

隶书

楷书

小篆的"孤"字是个形声字。

"孤"字的左边是"子","子"即孩子,说明这个字跟孩子、婴幼儿有关。右边的"瓜",是这个字的读音。"孤"的本义就是指幼年丧父或父母双亡的孩子。

古人之所以用"瓜"作音符,是因为"瓜"与"呱"同音,且"瓜"是"呱"的简写,本是同一个字。后来为了表示婴儿哭声,才在"瓜"字旁边加一个"口"字,造了个表哭声的"呱"。没有父母的孩子,更是常常啼哭,所以"孤"用"瓜"作音符,并会意。

丧失父母的孩子,独自一人,所以"孤"又有单独、孤单的意思,如:孤岛、孤掌难鸣、孤军、孤立。

"孤",表示只剩一个,所以古代封建王侯自称为"孤"。

现在人们把脱离群众的人称为孤家寡人。

人们把一些仅剩一本的图书称为孤本。

北魏·郑道昭《郑文公下碑》

唐·怀素《自叙帖》

《淳化阁帖》

关于"孤"字，有一则"瓜子合起为孤字"的故事。

宋朝年间，洛阳有个穷汉，名叫李田。李田和父亲两人相依为命，不料父亲患了重病，没钱医治，只好请个算命先生到家来测测，看看能否化险为夷。

算命的见李田家徒四壁，穷得叮当响，猜测他可能付不起占卜费，便让他先把银子拿出来再说。李田哪里有钱呢？想了半天，从柜橱里拿出一袋瓜子，想以它来替代占卜费。

算命先生一见，当下脸儿一沉，抬腿就朝门外走去，边走边说："你父亲离死不远了，你就等着给他办后事吧。"

李田很不高兴，拉着他，要他把话说清楚再走。算命先生一指桌上的瓜子，冷笑着说："'瓜子'两字合起来是个'孤'字，你拿瓜子出来，就注定得孤独一人过日子，这是你自己在咒你父亲，可不怪我呀！"

看来，这个算命先生既势利，又贪财，还是个说话刻薄的坏家伙。

瓜子合起为『孤』字

抽筋剥皮的重刑——"辜"

gū

甲骨文

金文

小篆

隶书

楷书

　　古代的"辜"字，是个上下结构的形声字兼会意字。上面的"古"字是声符，读gǔ，下面的"辛"字是形符。这两个字形组合在一起，指一种抽筋剥皮五马分尸的重刑。"辛"是古代的一种刑刀，用来在犯罪人脸上刺字以便识别。也有人认为，"辛"字是远古时代，用树权制成的捕押俘虏的枷锁，用以套在奴隶或俘虏的脖颈上，因而有辛苦、心酸的意思。在这儿，"辛"表示有罪的意思，因为有罪，才被施以重刑。

　　古人为什么用"古"字作"辜"字的声符呢？因为"古"字表示古代，有时间久远，过去了的意思。而判罪量刑，常常要按过去的案例作参考，所以"辜"字以"古"字作声符并会意。

　　"辜"字的本义指"罪、罪过、罪恶"。如：没有罪或没有罪的人称"无辜"；违背了别人的愿望或好意称"辜负"；即使判死罪也无法抵偿他的罪过称"死有余辜"，以此形容罪大恶极。

　　"辜"字也作姓氏用。

[瓦当欣赏]

秦汉画像瓦当

无锡梁溪谜语研究会，经常在西水关茶楼举办谜语讲座，现在参加的人渐渐增多，内容也由谜语扩大到文字与国学一类话题了。

这天讲"辜"字。有人以"老辣"二字为谜面，打一字，随即有人猜出是"辜"字。因为"辛"有"辣味"之义，故称为"辛辣"；"古"有"老"的意思，"老辣"便指"辜"了。

有位老先生吟道："待得芳草生，方可道辛苦。"台下有人赞道："这字谜有诗味，有古风。'辜'字等来个草字头，方可拆为'辛苦'二字。妙！"

众人谈得很热烈。有位退休语文教师说："'辜'字人们用得不多，容易写错。上面是'古'字，下面是'辛'字。这'辛'字最下面一横不能比上面一横长，否则就成另一个字了。那个字读 qiān，也是'罪'的意思，但很少见到，字典上也难查到。另外，'辜'字下面也不能写成'幸'。'辛'与'幸'这两个字的字形读音相近，但意义大不相同。'辛'是罪行、辛苦之义，而'幸'是'幸运、幸福'的意思。二者不能混为一谈。诸位若到杭州西湖游览，可到岳飞墓去看看。墓前铸有秦桧等四个奸臣的跪像，并题有一对联：青山有幸埋忠骨，白铁无辜铸佞臣。'幸'和'辜'正好相对。"

众人听罢，报以掌声，感谢他的提醒。

掌声稍停，有位退休老人说："说到'无辜'这个词，我深有体会。动乱年代，天天抓阶级斗争，抓'5·16'反革命分子。有一天，我在厂乒乓球室看人家打球，对方用力扣杀，乒乓球滚进对门小会议室。我好心帮他们拣球，只见里面有几个人在打牌，都是熟人，相互打个招呼，有人问我，你也来啦，我回答说，我来玩玩。不料，后来说我主动要求加入反革命集团，将我关了一年多，受尽折磨。我成了个无辜的旁观者。"

话音刚落，一位中年男子抢着说："你这还算好呢。十年动乱时，我二叔在欢喜巷看人家打牌，忽然来了一群端着枪的民兵，说要抓赌。有个民兵胆小，枪端在手里发抖。他手指搭在扳机上，胳膊被人碰了一下，'哒哒哒'，一梭子子弹射出去，把我二叔胸部打烂了。他才是真正的无辜的旁观者啊。"

台下听的人唏嘘不已，对"辜"字又增添了些许感性的认识。

无辜的旁观者

父亲的姐妹——"姑"

gū

甲骨文

金文

小篆

隶书

楷书

　　金文的"姑"字，是个形声兼会意字。右边是"女"字，左边是个古文的"固"字。"固"字在上古时代，表示已经废弃的地穴。在这里，用很久以前就存在的穴坑，表示用盾牌和陷阱设防的要塞。这里用它长久牢固的意思。表示一心一意守护着家的女人。

　　到小篆时，"姻"字已演变成"姑"，左边是个女，其意思已变为年龄很大的女人。作为形声字，"女"，表示与女人有关；"古"为读音。这也很合乎情理。

　　我们知道，"古"，有年代久远，时间长的意思。父亲的姐妹，肯定比自己年长，所以用"古"来表读音，兼会意。

　　"姑"的本义就是父亲的姐妹，如：姑姑、姑妈。

　　"姑"字又假借指丈夫的母亲。如：姑婆、翁姑。

　　"姑"也指丈夫的姐妹，如：大姑子、小姑子、姑嫂。

　　"姑"也指未嫁或出嫁的女子，如：姑娘、乡姑、村姑。

　　"姑"也假借为暂且，如：姑且、姑妄言之、姑妄听之。

东晋·王涣之《淳化阁帖》　　　　　隋·智永《真草千字文》

江苏无锡南门有个南禅寺，这儿是个旅游点，人来人往，很是热闹。南禅寺背后有几条小街，这儿洗头房、按摩院较多，一些闲杂人员常在这儿出没，有关部门对这儿特别重视。

这天，公安局接到举报电话，说这个地方有家店铺有组织卖淫之嫌，店主公然打出广告，称最近组织到一批姑娘，欢迎客人"惠顾"。

公安局长一听，立即指示当地派出所前去查访。

王所长接到电话，亲自赶去调查。他来到现场，见一家洗头房旁边，果然放着一块木板，木板上写着一行醒目的大字："本店新到香姑，欢迎惠顾。"

王所长敲开洗头房的门，问："这是什么意思？"

洗头房的老板出门看看，说："这不是我家的，是隔壁南北货店的，怎放到我家门口了？"

王所长转身出门，去问隔壁南北货店的老板，指指那木板，问："怎么回事？"

老板探头一看，不好意思地说："那是我家的广告牌，放在我家门口妨碍客人走路，我挪过去一点儿……"说罢，他走出店门，把那招牌放到自家店门口。

王所长心里忍不住要笑。但他一脸严肃地说："你不光放错地方，还写错一个字。快给那姑娘戴顶帽吧，要不把你店的名声搞坏了。"

店主一看，吓得伸伸舌头，把木牌扛回去了。原来，他把新到一批"香菇"，错写成"香姑"了。

给姑娘戴顶草帽吧

十张嘴将往事传千"古"

gŭ

甲骨文

金文

小篆

隶书

楷书

　　今天的"古"字与甲骨文、金文和小篆的"古"字相似，上面是个"十"，下面是个"口"，这是个上下结构的会意字，本义就是表示古代，与现今相对，如：古老、古城、古玩、古画等。

　　"十"与"口"合在一起，意味着什么？由于人们对"十"字的理解不同，所以说法略有差异。

　　《说文解字》认为，"古"是"故"的古字。所谓"故"就是故事，也就是古往之事。既是古往之事，也就是指古代了。

　　还有一种说法，认为"古"字中的"十"字是一横一竖，也就是一横一纵。古代东西为横，南北为纵。这一竖就意味着已经逝去的年代。一横意味着各个时代所发生的历史事件。总的意思就是已经过去的历史。"口"字，就是讲述这些历史，使之一代一代流传下去。过去的事，也便成了"古"。

　　第三种说法较为生动。古人认为，古代的事就是历史，这些历史要靠当代的人以口头讲述的方式一代一代流传下去。"十"字，在这儿是数字，表示十张嘴巴，也就是众人的嘴巴来讲述。总的意思是十人之口，将往事流传千古。

　　"古"字，除了表示古代、古远，也表示经历多年的，具有古代风格的，如：古拙、古朴。还表示真挚纯朴，如：人心不古。

　　"古"字，也是一个姓。

汉字不仅传递信息，表达思维，记录语言，而且还供人们欣赏娱乐。书法可欣赏。文字写成对联、制成谜语，为广大群众所喜闻乐见。

我们除了常见的诗词之外，还有人用数字作诗，而且是个谜语诗，读来十分有趣："一口一分开，二口上下连，三口往上垒，四口页中间，五口就是吾，六口二十几，七口坐左边，八口八张嘴，九口右两分，十口年代久。"

我们按诗意分析，可看出每一句的开头为一个数字，每一句以"口"字为基础，按序数写到十，共写了十个谜语，每句包含一个字。这十个谜语的谜底依次是：

日、吕、品、囍、吾、曲、叱、只、旭、古。

这十个谜语，利用汉字结构的特点，经过一番构思，用拆离和组合的手法，很巧妙地把十个汉字表达出来，不仅使人们记住了这些字形，而且留下深刻印象，不会忘记。

十口年代久

做买卖的地方——"贾"

gǔ

甲骨文

金文

小篆

隶书

楷书

　　小篆的"贾"字是个上下结构的会意兼形声字。下面是个"贝"字，表明这个字与金钱有关。上面是个"西"字，这"西"字不是东南西北的"西"，古代的"西"读yà，表示自上而下，自下而上覆盖和包裹着，这是个指事字。在这儿表示衣袋里装着金钱，坐在这儿卖东西，也就是做买卖的地方。

　　也有人认为，"贾"字可看作是会意字。"贝"字代表金钱，可用"贝"来买东西。买什么东西？"西"字就是买的对象。

　　古代的"西"字可作鸟巢解释，但也有人认为，"西"字也可算作是古代的陶罐、钵子之类。这钵子是陶制的，形状像盆，但比较小，就是饭钵子。这是日常生活用品，必不可少，所以街上随处可买。古人以此物与"贝"相连，指贸易市场，这很合乎情理。

　　"贾"字由做买卖的地方，转而指出售，如：余勇可贾。

　　"贾"字也指做买卖，如：多财善贾。也指做买卖的商人，如：商贾、行商大贾、多财善贾。

　　做生意的人称为商人。旧时商人可分为两大类：一类是长途贩运货物的称为行商，在一个地方固定做生意的为坐商，也称商贾。"贾"字由做生意的人，又引申为物价，读作jià，后来此义的"贾"字写作"价"，又简化为"价"。

　　"贾"字的本义，现在用得很少。最常用的，是转而用作姓氏，读作"jiǎ"，《红楼梦》里的贾府，还有尽人皆知的贾宝玉。

现在大家收入增多了，想着法儿多花钱。过去亲朋好友难得相聚，现在三天两头上馆子，进澡堂，享受生活。无锡有十来个南京师范大学的老校友，如今大都退休了，他们就常常聚会。聚会的地点不定，有时在饭店，有时在茶馆。费用公摊。南京话叫"抬石头"，无锡话叫"劈硬柴"，也就是流行的 AA 制。

这次聚会，闹了点小矛盾。有位女同学，名叫贾席珍，她想吃西餐，坚持要进西餐馆。另外一位叫陈家颜，他喜欢喝老酒，吃面条，所以坚持要到"楼上楼"面馆。两人争执不下。

大家都知道，今儿贾女士跟老陈叫板，是存心要老陈掏腰包做东。陈家颜呢，也很爽气，说今日进"楼上楼"由他做东，下次去西餐馆由贾席珍独资赞助。贾席珍一口答应，一场风波就此平息。十位老同学，如同十个老顽童，在欢呼声中，奔向"楼上楼"。

进了包间，待酒菜上桌，众人正要动手，以文才著称的老杨叫道："慢，待我吟上一副对联，方可动嘴。"说罢，指指贾席珍，又指指陈家颜，摇头晃脑，吟道："贾席珍失去宝贝珍珠，明日为西席；陈家颜割落耳朵颜面，今天当东家。"

众人听罢，齐说妙妙！读者诸君，你说妙在哪儿？

酒席宴上出妙联

旧事流传有原"故"

gù

甲骨文

金文

小篆

隶书

楷书

小篆的"故"字,是个左右结构的形声字兼会意字。右边的"攴"字是形符,读 pū 或 pō,简省为"攵",俗称"反文字"。这是个会意字,像长辈手持鞭子在教训人的样子,左边的"古"字是声符,读 gǔ。这两个字形组合在一起,表示旧的事情流传至今,必有原因。

古人为什么用"古"字作"故"字的声符呢?因为"古"字有"陈旧、陈迹、以往"之义,而旧事陈迹之所以流传总是有原因的,所以"故"字用"古"字作声符并会意。

"故"字的本义指"原因、原故",如:原因称"原故、缘故",借口某种缘故称"借故",也叫"托故",没有原因称"无故"。

"故"字由本义引申指"意外的事情",如:意外的灾祸或损失称"事故"。发生意外的事情称"变故"。

"故"字又引申指"存心、有意",如:故意、明知故犯。还引申指"旧的、原来的、过去的",如:故地、故土、故乡、故都、故居、故事、故我、掌故、典故、世故、故步自封、故态复萌。

"故"字还引申指"友情、朋友",如:故交、故旧、故人、故友、故知、沾亲带故。由此又引申指"死亡",如:故去、病故、亡故、已故。

"故"字还用来表示"所以",如:故此、故而。

"故"字也作姓氏用。

杨乐是位儿童文学作家，以写儿童故事见长，被誉为"故事大王"。在一次儿童文学创作座谈会上，年近八十的杨老讲起他创作的经历，归结到"故事"二字上。

杨老一再表白他不敢称故事大王，因为他见过真正的故事大王。

那是七十多年前，杨乐还是个七八岁的孩子，住在苏北盐城一个小村庄。他记得，每年夏天晚饭后，全村人都端着凳子，聚集到村头老槐树下，围成一圈，等候邵大爷登场。

邵大爷是方圆数十里有名的故事大王。他是郎中，兼卖药材，走村串户，为人治病。他见多识广，肚子里故事车载船装。

邵大爷来了，他在小椅子上坐下就开讲。他一口苏北话，字正腔圆，绘声绘色，连说带唱。他有编故事的才华，又有讲故事的天赋，还有惊人的记忆力。一个夏季，一百多天，每天的故事不一样。"林冲夜奔"、"武松打虎"、"包公断案"，听得你如醉如痴。一段"孟姜女哭长城"，听得老太太们泣不成声……

人们沉浸在邵大爷营造的故事世界里，与故事中的人物同命运、共呼吸、同欢乐、同悲泣。杨乐听得入了迷，他屏住气，两眼盯着邵大爷，唯恐听漏了一个字。邵大爷讲到嫦娥奔月，他就仰头看月亮，还想象着，嫦娥落地时，是踏在田埂上，还是挂在树梢上？

在那没有电影电视，没有广播音乐，没有报纸杂志的乡村，人们就靠这口口相传的故事，享受着祖先们创作的文化珍品。这些故事，滋润着人们的心田，潜移默化地影响着每一个人。杨乐就由爱听故事，变得爱讲故事，爱编故事，爱写故事，从而成为一位专为孩子创作故事的作家和编辑。

杨老不无感慨地说："故事里的'古'字，有十张口代代相传的含义。'故'字拆开是古人的文章，古人的言论，记录的是古代的事情。这些事情，是前人的经验，人们口口相传，绵延不绝。"

杨老认为，人们爱回顾过去，所以"故"、"顾"同音。故事是取之不尽的精神财富，所以他才以毕生心血，献给儿童故事。

故事大王讲故事

违背又不协调——"乖"

guāi

甲骨文

金文

小篆

隶书

楷书

古代的"乖"字是个会意字。从小篆的字形看,它由两个部分构成。

"乖"字当中部分,像羊角的形状。羊角是分左右两边生长的。

"乖"字当中部分是个"北"字。古代,"北"就是分离的意思。由此可见,"乖"字的本义也就是违背不协调的意思。

既然违背,相互不和谐,就引申为性情行为不正常,如:乖戾、乖违、乖张。

"乖"字的本义现在仍在用,但人们所熟悉的"乖",却是指小孩儿听话,不哭不闹,很"乖"。也指孩子聪明伶俐,如这孩子嘴乖。

由于小孩听话,很可爱,所以称小乖乖。

"乖乖"有时还用来作感叹词,如:乖乖,今天雪下得真大呀!

东晋·王羲之《淳化阁帖》

东晋·王献之《淳化阁帖》

唐·孙过庭《书谱》

元·赵子昂《三希堂法帖》

　　唐朝末年，镇守北疆的一个李姓将军想举事谋反，为了一举成功，他想到了驻扎在千里之外的杨将军：如果能把他召来，和他合伙干，这次谋反将易如反掌。想到这儿，他连夜派人前去游说。

　　杨将军明白了来人的意思后，一时也拿不定主意，思来想去，写了"北千"两个字，然后揣在怀里，来到好朋友崔无敌的家，想让他来给测测吉凶。他之所以写"北千"二字，是考虑来客是从北方千里之地而来的，故以这两个字来测吉凶。

　　崔无敌是个善于分析形势，又懂阴阳八卦，又会占卜测字的人。他看过字条，低声问道："将军是想'北上千里'吗？"

　　杨将军点点头，说："正犹豫不定，所以请先生测测。"

　　崔无敌也不问他北上何事，摇头便说："'北千'相合是个'乘'字，'乘'字自古代就是违背不和谐之意，是个不吉祥字，我劝将军乖乖待在这里，如若北上千里，路途遥远且不说，一路凶险，此行必将不利。"

　　当天晚上，杨将军便把李将军的亲信打发回去了。后来，李将军果然被擒，杨将军却逃过了此劫。

北
千
相
合

［瓦当欣赏］

秦汉瓦当

奇异的"怪"物

guài

甲骨文

金文

小篆

隶书

楷书

小篆的"怪"字是个形声兼会意字，左边的竖心旁是形符，表示与心理活动和思想认识有关。"圣"为声符，读 shèng。其本义指不寻常的，奇异的。

要做到不寻常，就得动脑筋，用心思去谋划，所以"怪"要用竖心旁。

古代的"圣"字由"又"和"土"构成。表示用双手在土地上精耕细作，这样必定能有不同寻常的收获，所以"怪"用"圣"作声符兼会意。

"怪"的本义为不同寻常的、奇异的，如：怪诞、怪话、怪论、怪癖、怪兽、怪事、怪物、怪象、怪异、古怪、奇怪。

"怪"，由本义引申指惊奇，如：大惊小怪、稀奇古怪。

"怪"，又引申指神话、童话中的妖魔之类，如：鬼怪、魔怪、妖怪、神怪、妖魔鬼怪。

"怪"，假借指责备、埋怨，如：怪罪、错怪、见怪、难怪。

"怪"，又假借指很、非常，如：怪好的、怪可爱的、怪可怜的。

《隶辨》

宋·苏轼

江东市有位书画家，名叫王继之。少年时代，王继之以字写得好，画画得好出名，被称为"小神童"。后来他刻苦自学，又拜著名书画家关鹏为师，成了关先生的关门弟子。

王继之若能勤奋学习，又有名家指点，艺术造诣恐怕会更上层楼。但这人过于狂傲，他自以为是书圣王羲之后代，他要当现代书圣，画坛泰斗。

若他仅仅是自吹自擂倒也罢了，可他偏偏又要弃艺从政，要当文联主席。他动足心思，拉帮结派，巴结领导，一心要当个厅级干部⋯⋯

几年努力，终成泡影，王继之又回过头来搞艺术。他准备自筹资金，把市郊青龙山的山崖峭壁铲平，刻上他的书法，搞成巨型摩崖石刻，报吉尼斯世界纪录。但此举遭到当地居民反对；市政府也明确答复，这是破坏生态环境，严厉禁止。

王继之的这些怪异言行，引起同行们的关注，书画院的领导想请关鹏老先生出面，跟王继之谈谈。

一行人来到关先生家，关先生正在练字。他听完来意，顺手写了个"圣"字说："他要当书圣，岂不知，圣人心无旁用，不追名逐利，以常人自居。所以'圣'旁边是无心的。"说到这儿，关先生在"圣"字旁边加了个竖心旁，变成一个"怪"字，说："无心之怪为圣，有心之圣为怪。怪人有包天之狂心和野心，争名夺利，费尽心机，这就成了'怪'。怪人与圣人，差别就在于有心和无心啊。"说罢，他放下笔，自告奋勇地说："他是我的关门弟子。我要让他去掉那颗妄心邪心，做一个真正的受人民大众欢迎的艺术家。"说罢，就和书画院领导去找王继之了。

圣人有心变怪人

屋里有管理之人——"官"

guān

甲骨文

金文

小篆

官

隶书

官

楷书

　　甲骨文的"官"字是个会意字。外面是个宝盖头的形状，显得很宽大，像座房子。里面的字形像古代的"堆"字，因为"堆"字有众多的意思，用在这儿指屋子里有管理众人之事的人。

　　金文的字体由甲骨文演变而来。小篆的字体与甲骨文相似。楷体由小篆演变而来。

　　"官"字本义指在政府机关或军队中担任职位，负责管理众人的人。也有人认为，甲骨文的"官"字是个会意字。外面的宝盖头指房屋，里面是个"㠯"字。这"㠯"字表示土堆，引申指地势较高的房屋。这地势高又宽大的房屋是馆舍。"官"字是"馆"字的本字，本义指官府、衙门，也就是官员办公的地方。后来这个本义为"馆"字所代替，而"官"字主要用来指管理众人的人。

　　还有人认为，甲骨文的"官"字是个会意字。外面是房屋之形，里面是一个人屁股落地要坐下来的形状，表示这儿是行军打仗的人途中止歇之处。其本义指途中休息的地方，后引申为派驻机构，又引申为官府。

　　"官"字的本义就是指管理众人的人员。如：官员、官场、官宦、官话、官吏、官僚、官衔、官腔、长官、官职、罢官、升官、法官、副官、将官、教官、军官、判官、武官、做官、官逼民反。

　　"官"字由本义引申指属于国家或政府的。如：官办、官邸、官方、官署、官司、官厅、笔墨官司。

　　"官"字假借指生物体上特定机能组织。如：官能、器官、五官、感官。"官"字也表示公共的、公用的。如：官道、官所。

　　"官"字也作姓氏用。

清朝光绪年间，一年夏天午后，无锡梅村吴家三兄弟到西瓜地里除草施肥。三人忙累了，便坐到路边一棵大榕树下休息。

这天，无锡知县乘着轿子到苏州去。他见路边有大树，便命轿夫停下休息，想顺便弄两个西瓜解渴。

这知县姓杨，官架子十足。他以为三个瓜农会来讨好他，不料这兄弟仨只当没看见他。杨知县心中不快。他见不远处还放着一担粪，臭烘烘的，便命令衙役将三人赶走。三兄弟问："凭什么赶我们走？"杨知县心生一计，说："凡在这树下歇凉的，都得说上四句诗。第一句要说三个同头字，第二句要说三个同旁字，第三、第四句要说前面两个字的含义。说不出，滚蛋！"

杨知县说罢，自己先来一首："三门同头官宦家，三丝同旁绫罗（羅）纱；要穿绫罗（羅）纱，除非官宦家。"两个衙役听了，为他拍手叫好。

吴老大当即回答道："三草同头茉莉花，三女同旁姐妹妈；要戴茉莉花，除非姐妹妈。"

杨知县朝吴老二努努嘴："你呢？"吴老二随口吟道："三山同头岗崮崖，三木同旁松柏槐；要长松柏槐，除非岗崮崖。"

杨知县和两个衙役愣住了，他们盯着吴老三问："你也会作诗？"

吴老三大声回答道："三尸同头屎尿屁，三人同旁你们仨；要吃屎尿屁，除非你们仨。"

正巧，一阵风吹过，熏得杨知县头昏脑胀，又被三兄弟戏弄了一番，气得赶紧上轿，逃之夭夭。

用手戴帽子——"冠"

guān

甲骨文

金文

小篆

隶书

冠

楷书

　　小篆的"冠"字，是个上下结构的会意字，它由三部分组成。上面是秃宝盖，像覆盖在人头上的布巾，下面左侧是"元"字，指人的头部，下面右侧是"寸"字，表示"手"。这三部分组合在一起，指人用手将帽子戴到头上。

　　也有人认为，下面右侧的"寸"字指"分寸，法度"。古时候，什么样身份的人才能戴什么样的帽子，这是有一定规矩的，也就是有法度的。这三个字形组合在一起，指"帽子"。

　　隶变后楷书写作"冠"。

　　"冠"字的本义指"帽子"，如：国王戴的象征身份和权力的帽子称"王冠"或"皇冠"；王后或王妃所戴的帽子称"凤冠"，旧时也指妇女出嫁时的礼帽；用月桂树叶编的帽子称"桂冠"。欧洲人习惯以"桂冠"为光荣称号，现在也用来指竞赛中的冠军。

　　不戴帽子或脱帽表示敬意称"免冠"。

　　"冠"字由本义引申指"像帽子一样的东西"，如：鸡头上高起的肉冠称"鸡冠"；鸟类头顶上竖立的长羽毛称"羽冠"；鸟类头顶上长的肉质突起，形似冠，称"肉冠"；乔木树干的上部及其所长的枝叶称"树冠"。

　　"冠"字是个多音字。读作guàn时，假借指"已经成人"，如：古代二十岁男子行冠礼，表示已经成人，因还未达到壮年，所以称"弱冠"，后来以此泛指二十岁左右年纪。成年也称"巾冠"。

　　"冠"字又假借指"位居第一的"，如：冠军、夺冠。

　　"冠"字读guàn时，也作姓氏用。

元朝末年，民不聊生，各地农民纷纷起义。在各路起义军中，安徽凤阳的朱元璋异军突起，他领导的义军节节胜利，地盘日益扩大。他在金陵这块宝地立住脚跟后，广招贤才，扩展军力。朱升、刘基这些军师为他出谋划策；徐达这些武将为他攻城掠地。经十余年的南征北战，朱元璋终于在1368年夺取政权，在应天府称帝，建立明朝，改年号为"洪武"，人称"朱洪武"。

朱元璋登基称帝后，终日处理朝廷大事，忙得焦头烂额，连坐下喝口茶的功夫也没有。最令他劳神的是封官行赏，安排各种官职。那些昔日跟随他浴血奋战的文臣武将，分封时可论功行赏，这有法可依，有据可查，有理可讲。最令他头疼的是，呼啦一下，从凤阳老家来了一大帮人，凡与朱家沾亲带故的亲朋好友，七姑八姨，把国宾馆住满了。他们听说朱元璋当了皇帝，都想沾点光，捞个一官半职，享受荣华富贵。

朱元璋见人数众多，如若一一封官，岂不无功受禄？其中大都目不识丁，能当什么官？若将他们赶回乡下，落得六亲不认的骂名，又于心不安。为此他左右为难，常唉声叹气。

军师刘伯温看出了朱元璋的心思，深知他矛盾的心理。他想直言进谏，又恐惹恼了朱皇帝，更怕那帮皇亲国戚知道了，日后给他小鞋穿。他左思右想，便画了一幅画，进献给皇上消闲解闷。

这幅画上，画着一位高大伟岸的男子，头发蓬乱如麻，一束束的头发上顶着一只只小帽子，样子十分可笑。

朱元璋看着这幅画，不解其意。他想，刘伯温进献此画，定有深意。于是在灯下仔细琢磨，直至东方发白，心中豁然开朗，终于明白了刘伯温的良苦用心。这张画的用意是，头上戴的帽子多，头发便凌乱，这就是"冠多发乱"。而"冠"与"官"同音，"发"与"法"同音。更深的含义是封的官多了，国家的法制就乱了。这便是"官多法乱"。

朱元璋听取了刘伯温的忠告，当机立断，排除干扰，只封有功、有才、有德之人，不封无功、无才、无能的家乡亲友。

冠多发乱

用横木将门"关"上

guān

甲骨文

金文

小篆

隶书

关

楷书

　　金文的"关"字写作"關",是个形声字兼会意字。外面的"門"字是形符,表示跟门有关,门里面是个"丱"字,读 guān,作声符。这两个字形组合在一起,指将门关上的门闩。因指的是门闩,所以"關"字用"門"字作形符。

　　古人为什么用"丱"字作"關"字的声符呢?因为古代"丱"字指织布机上引线的梭子,梭子来回穿梭,有"横通"的意思。而"關"指木条横挡在门上,所以"關"字用"丱"字作声符并会意。

　　小篆的字形由金文演变而来。隶变后的楷书写作"關"。异体字写作"関",后来简化字借用"关"来表示,如今成为规范字。

　　"关"字的本义为"门闩",由本义引申指"闭上、合拢",如:关紧;关闭、关门、开关、关上等都指"闭上、合拢"。将犯罪的人关起来称"关押"。

　　"关"字由本义引申指人为设置的或天然的交通要道称"关口";险要的关口称"关隘";在交通要道设立的岗哨或检查站称"关卡"。关内、关外、关山、关中、把关、雄关、闭关自守等指"关口"。由此又引申指货物进出口收税的地方,如:报关、关税、过关、海关、通关等。

　　"关"字又引申指"重大转折点或不易度过的时机",如:关节、关键、关头、关系、机关、难关、年关、鬼门关、生死攸关、性命交关等。

　　"关"字由上义引申指"牵连、涉及",如:关爱、关怀、关乎、关联、关切、关心、关照、关注等。

　　"关"字也作姓氏用。

无锡市东门中学的杨老师，前天刚讲过"闭"字，今天讲"关"字。"关"字与"闭"字是同义字，都有"闭上、合拢"的意思。上次讲"闭"字时，同学们对"门"字里的"才"字提出了疑问，杨老师从"闭"字字形的演变讲起，说到"才"字可能由笔误造成。他担心同学们还是没弄明白，或是听了并不信服，所以他今天特地讲"关"字，他要把"关"字和"闭"字以及"关键"这个词联系起来，一块儿讲。

这堂课该怎么上呢？杨老师想到了三个好主意。他利用这两天春游的好机会，到旅游点的大庙里游览，趁游人稀少时，把同学们集中到庙门口讲课。他指着厚重的两扇大门说："从前的城门、宫殿的大门以及大户人家的门都是对开的两扇门。关门时，这两扇门闭合，这就叫关门、闭门。"说着，他把两扇门关上，指着门背后说："为了使门关得牢，不易被撞开，后面有根横木横贯在两扇门中间，把这两扇门联系起来，这叫关联。再看这横木，从门框两边的孔中插过去，这横木称为'关'。这横木当中又被这根斜斜的竖着的直木顶着，这根竖木称为'楗'。这根竖的直木上头顶着横木，下面插入离门框和门槛很近的在地上挖的孔洞中，这样一来，两扇门联在一起，又被后面的竖木死死地顶着，就十分牢固了，外面的人就推不动了。横的'关'跟竖的'楗'合起来叫'关楗'。'楗'字原是木字旁，现在改为金字旁，你们看，门关得这么紧，这根横木和竖木，是不是很关键呀？

"再看关闭的'闭'字，原来里面写的是'十'字，是一道关，后来有人又加了一根横木变成两道关，写成了'干'字。'门'字里的'干'字，把下面一道关写歪了，成了'才'字，所以'闭'字由'门'和'才'组成，一直用到今天。"

同学们实地看了，才算真正明白过来。

杨老师见有游客来了，忙打开门说："'關'字由'門'和'聯'字组成。两扇门之间有个'联'字，指这两扇门是联合在一起的，或是锁起来了，或是上了门闩。用'关'和'楗'牢牢地顶住了。'关'音通'管'，把门关起来，表示有人管理，有人看管，有人关心，有人负责，有人把关了，说不定还会成为重要的关口呢。"

关闭尸体的"棺"材

guān

甲骨文

金文

小篆

隶书

楷书

古代的"棺"字是个形声兼会意字。左边的"木"字作形符，表示这个字与木头有关，右边的"官"是读音。

"棺"字的本义很简单，就是指装殓死人的东西，一般用木材制成。古时候也有用石块制作的。

与"棺"相连的词有棺材、棺木、棺椁。棺椁指"棺"和"椁"。"椁"读 guǒ，是指古代套在棺材外面的大棺材，这儿泛指棺材。

"棺"为什么用"官"作音符？《说文解字》的作者许慎有个说法。他认为"官"与"关"同音。"关"有关闭的意思。依他这样解释，"棺"就是"关"，也就是把尸体关闭在木制的棺材里。换一种说法，就是存放尸体的东西，也就是棺材。这个说法，与棺的本义是一致的。

也有人认为，古人之所以用"官"作音符，是因为"官"是以使民众平安生活为己任的人，是完美的人，是受人尊敬的人。而"棺"是完好地装殓死人的器具，所以"棺"以"官"为音符，并会意。这一说法，也不无道理。

东晋·王羲之《兴福寺断碑》

唐·褚遂良《孟法师碑》

明朝万历年间，河北保定府有两位年轻的秀才。一位名叫张友亮，为人豁达豪爽，凡事丢得开，放得下。另一位名叫陈慎行，这人正如他的名字一样，平时谨小慎微，多愁善虑。这两人性格虽大不相同，但因为从小就在一个私塾读书，后来又跟随同一个恩师求学，所以成了好友。两人刻苦好学，才华出众，在当地都有才子之称。

这年二月，皇帝将在京城礼部贡院举行全国会试，各地考生纷纷赶往北京，参加考试。张友亮和陈慎行也提前到了京城，住在一家旅社里。

二月初九一大早，两人胸有成竹，高高兴兴地赶往考场。出得旅社大门，转过巷口，只见一支出殡队伍，浩浩荡荡，迎面而来。他俩一抬头，同时看到了那八人抬着的黑漆漆的大棺材。

张友亮看到了那口大棺材，心中一惊，不由叫道："好大的棺材！"

陈慎行也看到了那口大棺材，他心中一凉，忙闭上眼睛，嘴里连声说："唉，晦气，晦气！"他一路上嘀咕：今天真倒霉啊，赶考的日子竟碰到棺材，多不吉利啊。就这样，他情绪一落千丈，进了考场，心烦意乱，文思枯竭，结果名落孙山。

张友亮呢，可不一样。走在路上，他一想到那口大棺材，心中就暗暗叫好：哈哈，棺材，棺材，有"官"又有"财"，这是好兆头呀，今年我要考中状元啦。

张友亮进了考场，信心百倍，情绪高涨，他思如泉涌，下笔成章，果然考中头名状元。

赶考途中见棺材

独来独往的大鱼——"鳏"

guān

甲骨文

金文

小篆

隶书

楷书

在小篆中，"鳏"字是个左右结构的形声字。它的左边是"鱼"，表明这个字与鱼有关。右边是"眔"，作声符。

"鳏"的本义指一种鱼的名字，也就是鳏（读作 guǎn）鱼。后来由鱼名转化为指没结过婚，没有妻子或有过妻子后来丧妻的男子，称他们为"鳏夫"。

为什么"鳏"字由鳏鱼的名称，转化成这种意思的呢？因为鳏鱼有个奇怪的特点：它不喜欢集体活动，喜欢独来独往。这个独自往来的生活习性，与无妻或丧妻的男子独自一人生活的特点相符，所以就用"鳏"字代替独身男子，如：鳏居。

"鳏"由无妻和丧妻这一层意思，又扩大成泛指丧失劳动力而又无依无靠的人。老而无妻为"鳏"，老而无夫为"寡"，这就是鳏寡孤独。

《说文古籀补》

《隶辨》

唐·贺知章《孝经》

宋·苏轼《三希堂法帖》

关于"鳏"字，有一段"水四鱼相加"的民间故事。

清朝光绪年间，松江有个人，从年幼时就常常做同一个梦，梦见沼泽里有四条鱼。这个梦预示什么呢？此人一直苦思冥想，但始终没想出个结果来。

后来，他把这个梦告诉了一位术士，想请他帮自己解开心中的谜团。术士为他解释道："这可不是一个好梦啊！因为'水''四''鱼'相加，正好是一个'鳏'字。'鳏'字是孤独无靠的意思，所以你将孤独一生。"

后来，这个人始终未能婚娶，到死为止都是孤身一人。

这个故事，没什么曲折情节，看来，不知是哪位文人，专为这"鳏"字编造的。

水四鱼相加

流经山间的水道——"谷"

gǔ

甲骨文

金文

（小篆字形）

小篆

谷

隶书

谷

楷书

对古代的"谷"字，有两种说法。一种说法认为，甲骨文和小篆的"谷"字是象形字。上部像水流，下部像两山夹在一起时的山谷谷口，合起来的意思指"山间溪水流出谷口"。

还有一种说法认为，"谷"字是个会意字。下面的"口"字表示水流出来的地方，"口"字上面的部分是古文字"水"字的一半，表示水从"口"中流出。"谷"字的本义指"两山之间，水从山间水源流出汇入到河流之间的地方"。

也有人指出，"谷"字的上部像水流，下部像山涧泉口，合起来指"水流经两山间的水道"。

以上几种说法，大同小异，没有根本的分歧。

金文的字形由甲骨文演变而来。小篆使其整齐化，隶变后写作"谷"。

"谷"字的本义指"两山间或两块高地间夹道或水道"，如：向一定方向倾斜的低凹地称"谷地"；在沟底修筑的小水坝称"谷坊"；河流所经过的狭长的凹地称"河谷"；河流经过的深而狭窄的山谷称"峡谷"。山谷、溪谷、幽谷等都指山间夹道或水道。

"谷"字由本义比喻"困境"，如：进退维谷。

"谷"字作"穀"字的简化字，指庄稼和粮食的总称，如：谷子、包谷、五谷、稻谷、仓谷、谷草、谷物等，都与粮食庄稼有关。

"谷"字是个多音字。读 yù 时，指"吐谷浑"，指古代西部一个少数民族。

"谷"字也作姓氏用。

在农村生活过，或养过鸡的人都知道，老母鸡生蛋后，总是像向主人邀功似的，嘴里不停地叫着"谷谷谷谷蛋——"而且声音越叫越响，只有待主人撒把米表示慰劳后才罢休。

这"谷谷谷"的叫声，有人写作"咯"或"各"，其实都不如用"谷"字准确、传神。母鸡生蛋要得到的回报，不就是谷子么？向主人要谷子，并一再地大声呼叫，也合情合理啊。所以用"谷"字作母鸡叫声的象声字更传神，还有神话色彩和童话趣味哩。这个"谷"字，早在三百多年前，就被一位小神童用在母鸡生蛋后的叫唤声中了。

清朝康熙年间，贵阳有位学者名叫周起渭，号桐野，是清代贵州著名诗人。他自幼勤奋好学，成年后博学多才，一生作诗、作对联很多，并留下许多佳话。周起渭幼年在私塾读书时就显露出文学才华。他善于观察生活，精于遣词造句，长于精巧构思，喜欢吟诗作对。

一天，私塾来了许多客人，名为拜访教书先生，实为考考周起渭，看他是否如传说那样是个小神童。

众人在院子里喝茶闲聊，这时，树上有小鸟叽叽喳喳叫个不停，有位先生据此出上联：

小鸟上树酒醉　酒醉并无半杯

众人盯着周起渭，看他如何答下联。

周起渭暗想："小鸟上树"四个字，规定了主角是"小鸟"，也限定了动作和方向是"上"；地点是"树"，"酒醉酒醉"是小鸟叫声，"并无半杯"说的是不该醉。这下联要对仗工整，可要动番脑筋呢。

周起渭正苦思冥想，私塾先生家养的母鸡生了只蛋，"谷谷谷"地叫起来，他随口答道：

母鸡下蛋谷多　谷多只有一个

这下联将母鸡的叫声形容得惟妙惟肖，与上联"小鸟叫声酒醉酒醉"有异曲同工之妙。

又有一位先生吟道：

山中无酒雀子如何歌酒醉

周起渭指指先生家的谷仓说：

家里有米母鸡因此叫谷多

众人听了，一个个翘起大拇指夸奖："奇才！奇才！日后必成大才！"

招待贵客的宾 "馆"

guǎn

古代的 "馆" 字是个左右结构的形声兼会意字。左边的 "食" 字是形符，表示与饮食有关。右边的 "官" 字是声符，读 guān，指古代由官方办的接待过往官员食宿的招待所，所以 "食" 字为形符。"馆" 字也写作 "舘"，左边的 "舍" 表示住房，也与食宿有关。后来这个字作为异体字废除了。"食" 字简化而成 "馆"。

"馆" 字之所以用 "官" 作声符，除了因为是官办的，又是供官员食宿的原因之外，还因为 "馆" 字是由 "官" 字分化而来的。"官" 是 "馆" 的本字。

"馆" 字的本义指招待宾客食宿的房舍，如：宾馆、公馆、旅馆、国宾馆。

"馆" 字由本义引申指外交人员常住的处所，如：使馆、领事馆。

"馆" 字又引申指存放或陈列文物或进行文化娱乐活动的场所，如：会馆、文化馆、博物馆、图书馆、文史馆。

"馆" 字还引申指某些饭店、商场，如：茶馆、饭馆、酒馆、照相馆。

甲骨文

金文

小篆

館

隶书

舘

楷书

唐·颜真卿《颜勤礼碑》

北魏·郑道昭《郑文公下碑》

《隶辨》

古代一些县城或重镇，都设有馆驿，供来往官员住宿，相当于今天的招待所、迎宾馆之类。这些馆驿有专人管理，负责迎来送往。

却说明朝万历年间，一天，苏北高邮来了位官员，下了马，直奔馆驿而来。馆长王华连忙迎上去，将他接进客厅，端茶送水，请他休息。

这天，王华牵马饮水去了，他的小儿子在大堂里玩。小儿子将客厅大门一会儿关上，一会儿打开，弄得屋里一会儿有亮，一会儿暗淡。这位官员名叫徐华，是位文书。此人极有修养，又喜欢孩子。他见此情景，并不恼怒，反而触景生情，随口吟道："屋外有明光，不知是日光月光？"

徐华在这句话中，嵌了三个字："日"字、"月"字，和合成的"明"字。

徐华正孤芳自赏，不料，馆长的小儿子答道："有客到馆驿，不知是官人舍人？"

徐华一听，不由大吃一惊，哎呀呀，这句话出自一个孩子之口，真是奇才呀。"馆"字可写作"舘"字。"舍"与"官"合而为"舘"。而"官人"和"舍人"都是官名，所不同的是，"舍人"大都指文书之类，就像如今首长的秘书。这句话，正巧与徐华那句配成一副对联，上下对仗工整，读来合辙押韵，问得又十分得体。徐华爱才心切，连忙请小孩坐下，与他交谈起来。

像笛子样的 "管" 乐器

guǎn

管

甲骨文

管

金文

管

小篆

管

隶书

管

楷书

古代的 "管" 字是个形声字。以 "竹" 作形符，表示这个字与竹子有关。下面的 "官" 是读音。本义指古代一种像笛子一样的管乐器，泛指管乐，如：管弦乐、单簧管。

因为竹子制成的管乐是圆圆的，细而长，所以引申为管状物的统称，如：钢管、气管、管道、自来水管。由于从管子里看出来范围非常狭小，所以又用来比喻见识短浅，如：管窥、管见。

在古代常常用圆形的管状物插在车轴的头部，使车轮不脱落，就像钥匙一样。正因如此，"管" 就有保管、管理、管辖的意思。既然是管理，那就是有过问的意思，如：不要管他，随他去！既然管理这件事，那就要保证把这件事办好。所以 "管" 又有一定、保证的意思，如管吃管用、管保。

也有人认为，"管" 是个会意字，音符 "官" 有人体器官的意思，器官各有功能。而 "管" 的各个孔各发其声，各管其事，所以才引申出那么多意思。

"管" 也作介词用，如：大家管他叫小老虎。

"管" 也作连词用，表示条件关系，如：不管他来不来，我们走！

"管" 也作量词用，指管状的物品，如：一管毛笔、两管牙膏。

管　管　管

东晋·王羲之《兰亭序》　　《隶辨》　　元·鲜于枢《三希堂法帖》

戴笠何许人也？他是浙江江山人，黄埔军校毕业。在国民党统治时期，他曾任军统局副局长，是个特务头子。此人残忍阴险，手段毒辣。蒋介石对他十分信任。1946 年 3 月 17 日，他自北平飞往南京途中，因飞机失事而亡。

戴笠管理部下有一套方法。这年春节，在一次筵席上，戴笠酒喝多了，居然也犯了酒后失言的大忌。他对几位得力的部下说："在我手底下，你们只要好好干，个个能当官，而且官越当越大。"说到这儿，他见部下都显出惊奇的样儿，便接着说："我先给你们官做，就看你有本事没本事，忠心不忠心，做得好，当大官。做不好，送你个竹字头。"

众部下面面相觑，不知他这话什么意思。戴笠解释道："你官当不好，送你个竹字头，就是把你管起来，也就是给你一次机会，看你这个官能不能再当下去。"

"要是不能胜任呢？"有一位部下小心翼翼地问。

"不能胜任？"戴笠听了，面露杀机，恶狠狠地说，"那我就把'管'字头上的一捆竹子拿掉，另外给他旁边竖根木头。"

众部下一听，一个个魂飞魄散，吓得直冒冷汗。因为谁都明白，这"官"字旁边竖根木头，是"棺材"的"棺"字啊。送你一口"棺材"，那还不是死路一条。

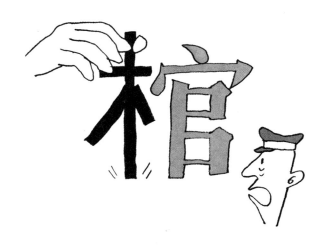

戴笠用人的手段

习以为常成习“惯”

guàn

甲骨文

金文

小篆

隶书

慣

楷书

古代的“慣”字，是个左右结构的形声字兼会意字。左边的竖心旁是形符，表示跟人的心理活动有关，右边的“貫”字是声符，读 guàn。这两个字形组合在一起，有“习以为常，心怀其旧，依旧行事”的意思。因为习惯往往是心怀其旧而造成的，所以“慣”字以竖心旁作形符。

古人为什么用“貫”字作“慣”字的声符呢？

古代的“貫”字，由“毌”字和“贝”字组成，“毌”表示贯穿，这个字读 guān，不同于“母亲”的“母”。“毌”字指用线绳之类穿钱贝，本义指“古代穿钱贝的绳索”。一千个钱用绳穿在一起为“一贯”，所以腰缠万贯就是大富翁了。“贯”字由“绳索”引申指“熟悉”，就有“循序串物”的意思。而“慣”有依旧行事的意思，所以“慣”字用“貫”字作声符并会意。再说，“貫”字本就是“慣”字的本字，“慣”是由“貫”衍生出来的。

隶变后的楷书写作“慣”，后简化为“惯”。

“惯”字的本义指“习以为常，依旧行事”，如：平常、常常、习以为常称“惯常”；屡次犯罪、恶习难改的刑事犯称“惯犯”；经常抢劫的匪徒称“惯匪”；由熟习而适应，或指经久养成不易改变的行为或习尚称“习惯”。惯技、惯偷、惯例、惯性、惯用、司空见惯等都指“习以为常形成的习惯”。

“惯”字由本义引申指“纵容、放纵”，如：娇惯、放纵称“惯纵”，也称“娇生惯养”。

无锡西门运河路上，有座纺织品仓库。十多年前，一场大火，把库房和所有货物烧个精光，还有员工、消防员及救火的民众数十人受伤，三人死亡。教训是惨痛的，究其原因，是一个烟头，毁了三个家庭和一大片库房。

历经三年重建，新库房落成了。新任仓库主任老杨，为了防火的宣传工作，想尽办法，动足了脑筋。他认为，对库房安全而言，抽烟是一大祸害，因火成烟嘛，而抽烟之害，则是由不良习惯引起的。为此，他请来无锡几位文化名人，为库房拟就了几副对联，从大门口挂起分三层，一直挂到库房门口，再挂到堆放货物的货架前。

一进门，八个大字赫然在目。

贯心作惯

因火成灾

这副对联，一上来就指出抽烟这坏习惯会引起火灾，上下对仗，点中要害。进门时，人们行色匆匆，宜言简意赅，一目了然。

第二副对联挂在库房门口。这儿停车多，人员来往多，停留时间长，所以对联长点儿，让过往的人多品味、多议论、多用心。

禁为林示，且看示禁于林，示出不能犯禁；

烟是火因，常见因烟起火，因此应该戒烟。

这副对联，重点是号召大家戒烟，并告诫来者，这儿是禁烟区，不能犯禁，否则将受重罚。

第三副对联印成纸条儿，一条条地贴在货架上，时时刻刻提醒内部工作人员。

因火成烟，吞云吐雾成祸害；

贯心作惯，久习不改怎为人。

这副对联最后一句话可厉害了，有骂人的意味，警告那些在库房工作又不戒烟的人，惯性作怪，恶习不改，怎能算人呢？

贴出这样的对联，也是事出无奈啊。

贯心作惯因火成灾

有顶无墙的殿堂——"广"

guǎng

古代的"廣"字是个形声字兼会意字。外面的"广"字读 yǎn，作形符，里面的"黄"字作声符，读 huáng。两形合一，指"有顶无墙的殿堂"。

甲骨文中有个"广"字，读 yǎn。这是个象形字，字形像"厂"字，指山崖下有屋，本义指"借助山崖建造的没有前墙的敞屋"，犹如现在的牲口棚，也像今日的走廊、披间或厅堂之类。金文的字形与甲骨文大体相同，小篆使其整齐化，隶变后的楷书写作"广"，本义指"就着山崖建造的敞屋"。如今这个早就有了的"广"字作了繁体字"廣"字的简化字。正因为"广"有这样的含义，所以古人用"广"字作"廣"字的形符。

古人为什么用"黄"字作"廣"字的声符呢？因为古代的"黄"字与"横"字是通用的。而"横"有"横过来陈放"的意思，横过来就有宽敞、开阔的意思，所以"廣"字用"黄"字作声符并会意。"廣"字后来成了部首，凡由"广"字组成的字，大都与房屋或场所有关。

"广"字的本义指"大屋"，如：广厦千万间。

"廣"字由本义引申指"大"，如：广漠、广博、深广、广种薄收。由此又引申指"宽阔"，如：广泛、广大、广场、广度、广义、广袤、广远、宽广、广阔无垠（yín）、广阔天地。

"广"字还引申指"扩大、扩充"，如：广播、广告。由此又引申指"众多"，如：广开言路、广征博引。

"广"字指"广东、广西"的简称。

"广"字也作姓氏用。

甲骨文

金文

小篆

隶书

楷书

唐朝是我国历史上很强盛的朝代。从唐高祖李渊开始，到哀帝为止，前后经历289年。唐太宗当皇帝的二十三年间，人民安居乐业，社会繁荣昌盛，史称"贞观之治"，是中国社会经济及文化大发展时期。唐朝后期，跟历代封建王朝一样，皇帝昏庸无能，宦官专权，朝野争斗，藩镇割据，弄得动乱迭起，国无宁日，广大百姓生活于水深火热之中，农民走投无路，纷纷揭竿而起。

在众多的农民起义军中，有支力量强大的队伍，首领名叫黄巢。黄巢是曹州冤句人，即今山东荷泽。他出身于盐商家庭，精通骑射，爱结交豪侠之士，深受盐贩子和乡民拥护。他率领数千人在冤句起义，又与其他起义军联合，屡败唐军，势力日益壮大。

黄巢在起义途中，曾写过一首《咏菊》诗：

"待到秋来九月八，我花开后百花杀。
冲天香阵透长安，满城尽带黄金甲。"

后来各路起义军共推黄巢为王，称他为"冲天大将军"。经五年奋战，他终于率军攻入长安，在长安称帝，国号为"齐"，年号为"金统"。

黄巢进攻长安时，正是唐僖（xī）宗广明元年，即公元880年。黄巢在攻城前，曾对众将士说："唐僖宗好像知道我将造反，改年号为'廣明'，真是天助我也。以文字拆解而言，李唐气数已尽，而我黄巢将替天行道，代唐而立。'廣'是'唐'去'丑口'而安一'黄'字在其中。苍天有眼，就是使'黄'在'唐'下，'唐'去'黄'兴，众将士不必多虑，顺天行道，跟我攻入长安，另建江山！"

黄巢确实是文武双全。他抓住僖宗"廣明"年号大做文章。繁体字"廣"字为上"广"下"黄"。"广"从房屋引申为天地，而"唐"与"廣"都是"广"字头，今立"廣明"年号，实际将唐的内部去掉，换上了"黄"字。黄巢还曾解释"廣明"二字，将"明"字又拆为"日、月"二字，这就成了"黄家日月"，也就是说明天地日月，将都归黄家统治。

从黄巢写的那首《咏菊》诗，到民间这段传说，不难看出黄巢已把自己当皇帝的舆论造足了。可惜他这皇帝梦也只做了三年，不久唐军反扑，黄巢被迫退出长安，次年退至泰山狼虎谷，被唐军追击，自杀而亡。

天地日月归黄家

大丈夫所见必合"规"则

guī

甲骨文

槻

金文

䂓

小篆

規

隶书

规

楷书

古代的"规"字，是个左右结构的会意字。左边是"夫"字，指成年男子，右边是"见"字，指眼睛所看到的。两形合一，指成年男子所见，必定符合规则、合乎法度。

古人认为，"女智莫如妇，男智莫如夫。"这就是说，一个成熟的妇女和男子，他们的见解，是符合法度的。所以用成人所见这意思，来表示会有法度、有规则之意。

也有人认为，古代的"规"字是个会意字。左边是"走"字，右边是"见"字，两形合一，表示仔细观察人体，借以作为"法度"。此说略嫌勉强，不如前说令人信服。

楷体的"规"字由小篆演变而来，后简化为"规"。

"规"字的本义指"法度、法则"，如：规定、规程、规范、规格、规矩、规律、规模、规则、规章制度、常规、陈规、成规、法规、家规、教规、校规、犯规、陋规、正规、规范化等。

"规"字由本义引申为"谋划、设法"，如：设法躲开为"规避"；谋划恢复为"规复"；比较长远的全面的发展计划称"规划"。

"规"字由"谋划、设法"又引申指"劝告"，如：对下级或晚辈的规劝告诫称"规戒"；对上级或长辈的忠言劝诫称"规谏"。

"规"字有规定的意思，所以假借画圆形的工具，如：圆规。

"规"字也作姓氏用。

测字，是汉字特有的一种文化现象。从前，有不少人以此为职业，如今，人们将其作为一种娱乐，如同作对联、猜谜语、编小段子一样。

从前的测字先生，利用人们的迷信心理，搞些坑蒙拐骗的勾当。但也有一些测字高手，他们利用测字也做些善事，说些公道话，化解矛盾，解除心结，给人以劝诫。

南京夫子庙的测字大师胡铁嘴，便是一位有善心的老人。他有位好友，是大石坝街茶叶店老板徐文才。这徐文才人缘虽好，但有个业余爱好，喜欢拈花惹草，所以跟自家夫人的关系就有点儿紧张了。

一年前，徐文才因有外遇弄得家庭不和，幸亏胡铁嘴规劝，总算渡过感情危机，但夫妻间已留下裂痕。近日徐文才有了休妻的念头，向胡铁嘴大倒苦水，请他指点。胡铁嘴说："空口无凭，以字说话。天王老子来，也得拣个字啊。"

徐文才叹口气，伸手从布袋里摸出个字，一看是"规"字。胡铁嘴将硬纸片递到他眼皮底下说："看清了，是你拣的。这'规'字从字面上讲，是大丈夫之见、夫人之见、孔夫子之见，不管何人所见，都是一规之见。不依规矩，不成方圆嘛。你妻子恪守妇道，你要休她，道理何在？天理何在？"

徐文才低头不响。胡铁嘴又测解道："这'规'字左为'夫'，右为'见'，也可看作'见夫'之意。谁见'夫'？当然是'妻'见夫。你说是孟姜女万里寻夫，哭倒长城也罢，你说是牛郎织女鹊桥相会也罢，都是贤妻望丈夫。可见尊夫人对你仍是一往情深呀。"

徐文才叹息道："她成天叽叽咕咕，烦人哪！"

胡铁嘴生气地说："是你在外不规矩，还嫌她烦人？你睁大眼睛看看这'规'字，是劝告所有男人，要去掉偏见，方可得到夫人，保住原配夫人不易呀。你若休了她，另娶一个，这'夫'人之'夫'便成了二人。这二人若有二心，你承受得了么？"

徐文才听了，似有醒悟。

像大猩猩的怪物——"鬼"

guǐ

甲骨文

金文

小篆

隶书

鬼

楷书

　　甲骨文的"鬼"字是个象形字，由大猩猩的形象简化而来。有的字形像一个面孔朝左跪着的人，上面是一个可怕的大脑袋。金文的字形作了简化，下面是人形，上面是大脑袋，都表示人们想象中的似人非人的怪物。小篆的字形由金文繁化而来，在人形的后面加了个尾巴。这条尾巴成弯勾形，后来变成了"厶"字，表示"自私自利"的"私"字，指鬼专干不可告人的恶事、坏事。隶变后的楷书写作"鬼"。如今，这"鬼"字既可单用，也可作偏旁，凡取"鬼"字作偏旁的字，大都与鬼怪、神灵、丑恶、妖魔有关。

　　"鬼"字的本义指"大猩猩类的怪物"，后来引申泛指万物之精灵，由此又引申指"人死后的灵魂"。如：把鬼和妖怪或邪恶势力称为"鬼怪"；不真实的谎话称"鬼话"；迷信的人指死人的灵魂称"鬼魂"；鬼怪和神灵称"鬼神"；邪恶势力或害人的恶鬼称"魔鬼"。见鬼、鬼脸、鬼魅、鬼蜮、打鬼、鬼门关、妖魔鬼怪、鬼迷心窍等都是这个意思。

　　"鬼"字由"怪物"引申指"对人的蔑称"，如：鬼子、酒鬼、死鬼、烟鬼、醉鬼、胆小鬼、吝啬鬼、冒失鬼、吸血鬼、讨厌鬼。

　　"鬼"字又引申指"不光明正大，躲躲闪闪"，如：鬼头鬼脑、鬼鬼祟祟。由此又引申指"不可告人的勾当"，如：捣鬼、作鬼、做鬼、心里有鬼、心怀鬼胎。"鬼"字又假借指"恶劣、糟糕"，如：这鬼地方、鬼天气、鬼主张。又假借指小孩机灵，如：小鬼、这孩子真鬼、鬼精灵。

这天晚上，南京夫子庙测字大师胡铁嘴家来了个人，由胡铁嘴的好友徐文才陪着。

来人是徐文才的远房亲戚，名叫徐厚德。一听名字，胡铁嘴便心中有底了。

去年，南京六合城发生一桩案子。一位富家小姐，看中了一位卖药郎中，遭父母反对，准备私奔。小姐买通管家徐厚德，由他牵线，不料，当郎中来接小姐时，被女方父亲发现，他带领家人用乱棍将郎中打伤，送到官府，告他私闯民宅，图谋不轨。徐厚德出于私心，出面作证，说确有其事，结果，小姐悬梁自尽，郎中被关了三个月，放出来后不知去向。后来，徐厚德拿了东家一笔钱另谋出路，但大半年来，他每日做噩梦，有时大白天都仿佛看到小姐和郎中在他眼前晃动……

徐厚德请胡铁嘴为他测个"鬼"字，看有无办法摆脱冤鬼的纠缠，能过上安稳日子。

胡铁嘴说："这'鬼'字是恶字，我轻易不碰它，你今日提到它，我不得不照实说话，恐对你不敬。"

灯光下，徐厚德低头不语。胡铁嘴说："'鬼'字旁边加竖心旁为'愧'。你名为厚德，实为缺德，你应心中有愧。你若能心中有愧，说明你仍有良知，不属鬼，所以我对你说人话，不说鬼话。"

胡铁嘴将火油灯捻亮，提笔写了个"鬼"字说："'鬼'字上面是个'白'字，下面夹个'人'字，尾巴上带个钩子。这钩子就是'私'字。光天化日之下，你做事不光明正大，不说实话，你为了一己之私，伸长了一条腿，私下里跟东家搞鬼。不用问，事后东家给了你一笔钱，将你打发了。如今，小姐成了冤鬼，那郎中没了音讯。"

徐厚德抬起头说："我想找到他，帮帮他！"

胡铁嘴夸道："你能承认过错，感到于心有愧，这'鬼'字就由恶字变为好字了。'鬼'字是有心为'愧'，有人为'傀'。你听东家使唤作伪证，是傀儡。今日心中有愧，由鬼变人，堂堂正正。我想，若你诚心自悔，小姐的冤魂也会放过你，不再纠缠你。你不妨到郎中的家乡去找找他，也可在卖药行医的人群中多问问，如若能找到他，去认罪讨饶，再给予帮助，你便不会再做噩梦了……"

问心有愧

以土为"贵"

guì

甲骨文

金文

贵

小篆

贵

隶书

贵

楷书

甲骨文的"贵"字,两边是伸长的两只手,手中间是一个土块。这是个会意字。

双手高举着土块表达什么意思呢?不难理解,在远古时代,人们以农耕为生,靠天吃饭,靠地种粮。地上的土壤是种植庄稼的依靠,因此人们认为土地是最宝贵的。没有土地便没有吃的,也就没有生命了。

后来的字体有了变化,以"贝"代替了"土"。最终简化成了今天的"贵"。

"贵"字的本义是指很贵重。

既然贵重,评价就会高,就值得重视,这就是宝贵、可贵、珍贵。

因为贵重,评价高,其地位也就高,成为贵族、贵人、贵妇人、达官贵人。

正因为贵重,评价又高,所以贵也作敬词用,称与对方有关的事物为贵姓、贵国、贵干、高抬贵手。

有人分析,"贵"字的上面是"中"和"一",而且"中"字放在"一"字上面,这就是中正归一。下面是"贝"字,若人对金钱财富保持执中如一的立场,这是十分可"贵"的。

也有人戏言,把"贝"字放在脚下,视金钱如粪土,这很可贵;而把"贝"字搂在怀里,视金钱如生命,这就是下贱。这种说法,虽有点偏激,但却十分有趣。

宋朝年间，安徽有个叫汪龙的测字高手，最善察言观色，又能说会道，所以远近闻名。

一天，有五个学子准备赴京赶考，去之前特意来找汪龙测字，问问此行运气如何。

他们一起说了个"貴（贵）"字。汪龙听了，马上回答道："好，必中！"

五个学子一听，都高兴极了，纷纷拱手答谢。他们中有一个是独眼，临走时，汪龙找借口将他留了下来，悄声说："你们这次赶考，只有你一个人能中，其他的都不行。"

独眼人忙问为什么，汪龙哈哈一笑："'貴（贵）'字拆开是'中一目人'，说的不正是你吗！"

这个独眼人究竟有没有考中？不得而知。我们只能把这看作是个文字故事，不必去细究事情的真伪了。

中
一
目
人

洪水涌流的样子——"滚"

gǔn

古代的"滚"字，是个左右结构的形声字兼会意字。左边的三点水是形符，表示跟水有关，右边的"衮"字是声符，读 gǔn。这两个字形组合在一起，指洪水奔流的样子。因指的是洪水，所以"滚"字用三点水作形符。

古人为什么用"衮"字作"滚"字的声符呢？

金文的"衮"字是形声字兼会意字，它由两个字组成。上下是个"衣"字，作形符，表示跟衣服有关。"衣"字当中是个"公"字，作声符，读 gōng。这两个字形组合在一起，指天子在祭祀大典等公共场合穿的礼服。本义指祭祀时天子穿的绣有龙形图案的礼服，因这衣服上绣有龙屈曲之形，所以又用来指连续翻动不断的样子。此义后来另加义符三点水写成"滚"字来表示。由此看来，"衮"字是"滚"字的本字，所以古人用"衮"字作"滚"字的声符并会意。

也有人认为，"衮"字指帝王祭祀穿的礼服，这种礼服比一般衣服宽大。而大水奔涌而来时常常是宽广的，所以古人用"衮"字作"滚"字的声符并会意。

"滚"字的本义指"大水奔流的样子"，如：江水滚滚东流去。由本义引申指"液体煮沸"，如：滚水。由此又引申指"程度深，很特别"，如：滚开的水、滚热、滚圆、滚烫等。又引申指"旋转翻动的样子"，如：翻滚、滚动、滚筒、打滚、驴打滚、滚瓜烂熟、滚瓜溜圆等。

"滚"字假借指"斥责对方离开"，如：滚开、滚蛋。又假借指一种缝纫方法，如：滚边。

"滚"字由转动还引申指"使转动，在转动中沾上东西"，如：滚雪球、滚元宵。

"滚"字也作姓氏用。

甲骨文

金文

小篆

隶书

楷书

北宋末年，金兵南下，一路烧杀抢掠，百姓流离失所，无处安生。南宋小朝廷节节败退，由扬州、镇江、建康、杭州……一路向南逃去。抗金名将韩世忠、梁红玉夫妇，驻守在黄天荡，领兵与金兵厮杀，阻击金兵的进攻。没料想，奸相秦桧，丧权辱国，卖国求荣，一心要与金兵媾和。他心怀鬼胎，暗中挑拨韩世忠与另一抗金名将岳飞之间的友情，企图挑起矛盾，削弱抗金力量。为此，韩世忠夫妇恨透了奸贼秦桧，总想寻找机会，狠狠教训他一顿。

这天，秦桧以宰相之名，到韩世忠兵营查访，韩世忠以军务繁忙为借口，没去接待他。

晚上，韩世忠夫妇在军帐中商讨战事，忽听帐外有轻微脚步声，朝外一看，见月光下有一人影，躲在帐外正侧耳偷听帐内人谈话。韩世忠与夫人交换了一下眼神，决定趁此机会，给这老贼点颜色看看。

韩世忠装着与夫人对诗的样子，大声唱道：

> 兖州小儿去，
>
> 身着字件衣，
>
> 一边满泪水……

梁红玉明白韩世忠的用意，接着补了句：

> 布尼里藏着只大虫子！

奸贼秦桧一听，明白韩世忠夫妇一唱一和，说的是"滚蛋"二字。他自知自己在帐外偷听已被他俩发觉，只好蹑手蹑脚逃回自己的住处。

诗藏『滚蛋』斥奸贼

城外筑的墙——城"郭"

guō

甲骨文

金文

小篆

隶书

楷书

甲骨文的"郭"字是个象形字。

从字形看,这是一幅从高处鸟瞰城池的图形。图形中间的方框,表示四方形的城墙。在四方城墙的四周各有一座带三角形的建筑,这是士兵放哨时站在里面的哨亭。

到了金文时,"郭"字的字形有了变化,四座哨亭省掉两个。到了小篆时,以"享"(guō)为声符,另加了"邑"旁,用来表示城郭,就是人们聚居的都邑。而"享"既是声符,又指内城外加筑的城墙,所以"郭"就成了个形声兼会意字,其本义指城墙。后来引申指物体的四周或外部轮廓,如:耳郭。

在古代,"郭"字主要指的外围加筑的一道城墙,如:城郭、东郭。而单单一个字的"城",指内城的墙,"郭"指外城的墙。"城郭"泛指城市。

"郭"字现在主要作为姓氏用。

汉砖欣赏

明朝洪武年间，南京城外有个老员外，想替几个丫鬟物色对象嫁出去。

这天，员外家的账房先生带来了一位书生应选，丫鬟们赶紧躲到屏风后面，又是偷听，又是偷看。

过了一会儿，账房先生走了进来，丫鬟们都围着他询问书生的底细。

账房先生笑着说："不急，我出个谜你们猜猜，这谜底就是他的姓氏，你们就知道他是哪一家的后生了，兴许你们还认识呢。谁要是猜出来，我就来为她做媒。"

说到这儿，他才道出了谜面："高姑娘探头相望，李姑娘半露半藏，郑姑娘侧耳端详。"

丫鬟们猜来猜去也没猜出来。这时，其中一位突然灵机一动，悄悄地找到了老员外的儿子小员外，想请他帮忙指点一下。

小员外沉思片刻，说："高探头是'亠'，李半藏是个'子'字，郑侧耳是个耳朵旁，把它们合在一起是个'郭'字。"

这个丫鬟赶紧奔回去，她把小员外的那番话说给账房先生听，账房先生说她猜中了。后来她如愿以偿，嫁给了郭书生。

猜『郭』字

像爱宝物一样爱"国"家

guó

甲骨文

金文

小篆

隶书

國

楷书

甲骨文的"国"字是个会意字，字形是个"或"字。这"或"字由"戈"和"口"组成，"戈"表示武器。"口"表示城邑地域的范围。两者结合就是用武器保护自己的领地，也就是"国"家。

金文的"国"字与甲骨文相似，以"或"为主，后来在四周加了个框，成了"國"。

唐朝武则天女皇，她曾把"國"字里的"或"字改成"武"字。后来有人说把"武"字放在口中，如"人"在"口"中的"囚"一样不吉利。后来改为"圀"，表示四面八方都归顺"武"氏家族。但这个字还未推行，武则天的皇位就结束了，这个字成了后人的笑谈。

太平天国的洪秀全，他造反的目的也是当皇帝。在南京建都后，他对"国"字里的"或"很不满，认为这是个疑惑之词，于自己统治不利。他于1853年下令将"国"中的"或"字改为"王"字，与他自称的"天王"相符。这个"国"字也只用了十多年，随着洪秀全的灭亡消失了。

中华人民共和国成立后，文字改革时，将"国"字改为"国"。"国"内有玉，多么美好！像爱护宝物一样爱我们的国家，多么神圣！所以简化的"国"字是个十分美好的字。

"国"的本义指国家，如：祖国、外国、国内、保家卫国。

凡代表国家的事物，均可用"国"，如：国都、国歌、国防、国宴。也表示属于本国的，如：国产、国有、国货、国画、国宝。

窃国大盗袁世凯，他爬上总统宝座后，仍不满足，又把目光瞄上了皇帝的龙椅。为了能让外国帝国主义支持自己当皇帝，他不惜出卖主权，与日本签订了灭亡中国的"二十一条"。

消息传出，全国上下顿时炸开了锅，讨袁的声浪一浪高过一浪。蔡锷将军在云南组织了一支护国军，发誓要将袁世凯这卖国贼拉下马。

为了响应护国军的号召，福州一家报纸以"讨袁"为题，在报纸头版印了一行大字：或入园（园）中，逐出老袁还我国（國）。

这是个拆合字法的句子。"或"字进入"园"字当中，就是把"袁"字从方框当中赶了出去。也就是驱逐了袁世凯，还我个"國"字。

这个句子，既有强烈的爱国情怀，又生动又诙谐，百姓看了，无不拍手称妙。就在大家为此津津乐道时，护国军已经势如破竹，一路杀到了北京，没等攻城，袁世凯便在亿万民众的唾骂声中一命呜呼了。

讨袁大标题

从这头到那头——"过"

guò

甲骨文

金文

小篆

隶书

楷书

古代的"过"字写作"過",是个左下包围结构的形声字兼会意字。左下方的"辵"之旁是形符,表示跟行走相关,右上方的"咼"字是声符,读 wō,也有人认为读 guō。这两个字形组合在一起,表示从这儿到那儿。走之旁表示行走,所以"过"字用它作形符。

古人为什么用"咼"字作"過"字的声符呢?因为"咼"字是"涡"字简省的写法。"涡"有水旋转流动的意思,所以"過"字用"咼"字作声符并会意。隶变后楷书写作"過",后简化作"过"。

"过"字的本义指"从这里到那里",如:事情的程序,事情进行或发展的经过称"过程";坐船过河,或指事物由一个阶段逐渐发展转入另一个阶段称"过渡"。过关、过节、过境、过客、过路、过来、过门、过年、过时、过堂、过往、过厅、放过、经过、来过、掠过等都指的本义。

"过"字由本义引申指"转移",如:过继、过话、过户、过手、过账等都是这个意思。"过"字又引申指"超出一定范围或限度"。如:过半、过度、过多、过火、过激、过奖、过量、过虑、过敏、过期、过谦、过人、过剩、过头、过望、过于、过载、超过、言过其实等,都是超出一定范围、限度的意思。"过"字假借指错误。如:过失、过错、改过、功过、悔过、记过、罪过。

"过"字是个多音字,读作 guō 时,作姓氏用。

这天，无锡梁溪谜语研究会在西水关茶楼举办市民讲座。应一位姓过的老先生请求，由会长马汉文主讲"过"字的发展过程。开讲前，小陶已将马汉文写的跟"过"字相关的条幅一一挂在墙上，供人欣赏。

按老规矩，先猜字谜。今天的字谜全由姓过的老先生包下了。"半遵守"、"十分先进"、"夺去一半，还留一半"，这些字谜过先生一一分析，都是他"过"家的大姓。

过先生获得马会长的书法作品为奖品，他乐得合不拢嘴。在欢笑声中，马汉文指着条幅上的"过"字，讲起来。

有人认为，古代的"過"字是由走之旁和"鍋"字组成，表示一个人背着锅走在路上，本应停在这儿，但他走过头了，这就是过错。这种说法恐怕指的是引申义，而不是本义。

金文的"过"字是个会意字。由"辵"字和"癶"字组成。"辵"字读 chuò。这个字在甲骨文中就有，以"行"字表示大街；以"止"字表示脚，两形合一，指在街上走路。小篆将这个字省去半条街，隶变后楷书写作"辵"。它作偏旁时写作"辶"，俗称"走之旁"。说罢"辵"字，我们再来说"癶"字，这个字读 guǐ。在甲骨文中是个象形字，字形像两根交叉的木棍，这是古代最早的测量距离的工具，类似于现在的两脚规。它固定张开一定的距离，用翻动的办法来丈量土地，如今农村有些地方还在用老祖宗发明的"癶"来丈量。这个字的本义指冬季农闲时平整丈量土地，它与"走之旁"结合在一起，表示边走边丈量土地。既然是一边走，一边丈量，这里有重复来回走动的意思，也就有走过的意思，所以"过"字由边走边丈量引申指"走过、经过"的意思。又引申指时间、空间转移的意思。大禹治水，三过家门而不入；孔子在堂前站着，儿子孔鲤快步从庭院中走过，孔子叫住他，问他学习情况，后世把父亲的教训之言称"过庭之训"；庄子说"人生天地之间，如白驹过隙，忽然而已"，他叹息人生短暂，好似白色骏马跑过狭小的缝隙，一闪而过。这"过"字的作用可大哩。用秤称东西叫"过称"；看一眼叫"过眼"；人去世了称"过世"；把病传染给你了叫"过给你了"；把油去掉叫"过油肉"；女子出嫁叫"过门"。还有过滤、过筛子、过堂风、过日子、过招儿、过路财神……这些词丰富多彩，都跟过老先生相关啊。

H

一字一世界

婴儿欢笑——"孩"

hái

甲骨文

金文

小篆

隶书

楷书

小篆的"孩"字,是个左右结构的形声兼会意字。左边的"子"字是形符。在甲骨文和小篆中,"子"字是象形字,字形就像一个头大,双腿并拢,两手抬起的婴儿。其本义指婴儿,也假借指地支(子丑寅卯辰巳午未申酉戌亥)的第一位,也指子时,即夜里十一点到凌晨一点。在"孩"字中,"子"表示与婴儿有关,指婴儿在欢笑。

右边的"亥"作音符,读 hài。在甲骨文和小篆中,"亥"是个象形字,其字形像猪,其本义指猪。假借指地支的第十二位,也指亥时,即晚上九点到十一点。

在"孩"字中,为什么用"亥"作声符呢?因为婴儿欢笑时,常常发出"亥亥"的声音,所以用"亥"作声符并会意。

"孩"的本义指小儿欢笑。

"孩"由本义假借指幼儿、孩子,如:孩童、孩提、孩子、男孩。

明·沈粲《停云馆法帖》

《说文》

在民间，流传着许多猜谜故事，其中有不少是讲猜字谜的。猜"字"谜，不同于猜别的谜语，这要猜谜人不仅具有丰富的生活常识和科学知识，而且要具有渊博的文史知识和文字知识。

据说清朝末年，赣州有位读书人名叫乔台山，此人博览群书，记忆力惊人，在当地被称为"乔字典"，可见他识字之多，知识之广。

这天，乔台山到一茶馆会友。众人坐定，送茶的是店家小女儿春妮。春妮特地给乔台山献上一杯上等龙井，说："乔相公，都说你破谜解字，胜似洪炉点雪。今日有个字谜想请教相公，不知能否赏脸？"

乔台山施礼道："小姐请出题。"

春妮一字一句道："二人并坐，坐到二鼓三鼓，一畏猫儿二畏虎。"

乔台山听罢，暗暗思考：二人并坐，指的是两字合而为一。这畏猫者，想必是鱼；畏虎者，应该是羊。"鱼"、"羊"组合，不是"鲜"字么？想罢，他拱手回答春妮："小姐，小生猜这字是'鲜'字。"

同来的朋友无不点头称是。春妮却说："若是'鲜'字，还有劳相公猜么？"

乔台山一听，脸"刷"的红了。他急忙调整思路，另找拆解途径。他想："二人并坐"，指两字相合，这恐怕不会错。关键是后两句。这"二鼓"，乃是"亥时"；"三鼓"乃指"子时"。亥亦指生肖猪，猪亦畏虎；子亦指生肖鼠，鼠亦畏猫。如此说来，此字仍由"亥"、"子"相合，此字必定是"孩"字。

想罢，乔台山含笑向春妮施礼："小姐，在下献丑了，两次猜想，方悟出谜底乃是个'孩'字。"

春妮赞叹道："佩服，佩服！真不愧为乔字典！"

猜谜高手两猜『孩』字

百川归大 "海"

hǎi

金文和小篆的"海"字，是个左右结构的形声兼会意字。左边的三点水为形符，表示与水有关，右边的"每"字作声符，读作 měi。两形合一，意思指容纳陆地江河湖泊流水的大水域。

古人为什么用"每"字作"海"字的声符呢？古代的"每"字是个形声兼会意字。上面是形符，状如半个草字头，像草木初生的样子，下面的"母"字是声符，"母"字是众子女所出生之母体，所以"每"以"母"为声符，兼表意，本义指草木生长茂盛，而"海"是百川汇集，水量多，气势大，有如百草茂盛生长，所以"海"字以"每"字作声符并会意。

"海"字的本义指容纳百川的大水域，也可说成是邻近大陆比洋小的水域，如：海岸、海边、海滨、海潮、海浪、海拔、海产、海军、海岛、海盗、海防、海港、海疆、海关、海口、海湾、海峡、海沟、海啸、海员、海运、航海、公海、近海、东海、黑海、里海、领海、内海、沿海、海平面。

"海"字由本义引申指大的容器，大的容量，如：海量、海涵、海碗。

"海"字也用来比喻人或事物数量多，如：火海、人海、四海、云海、雪海、刀光火海、人山人海、浩如烟海。

"海"字由本义又引申指漫无边际的，无定向的，如：海聊、海谈、海阔天空。

"海"字在方言中，也表示毫无节制地，如：海吃海喝。

"海"字又引申指大的湖泊，如：洱海、青海湖。

"海"字还引申指外国的，如：海外、海外华人、海外奇谈。

"海"字也作姓氏用。

甲骨文

金文

小篆

隶书

楷书

在全国各地众多谜语爱好者中，男士居多，女士偏少，夫妻伉俪同有此好的，那就凤毛麟角了。南京金陵谜社的汤女士和他的夫君海先生，都是铁杆谜人，这两位可算是夫唱妇随了。

汤女士的儿子海泰，颇有天资，又勤奋好学，今年参加世界中学生数学竞赛，夺得第二名。美国斯坦福大学发来专函，以全额奖学金录取他到该校数学系学习。于是，这个刚中学毕业的小男生，便要远涉重洋，去美国上学了。

海泰赴美求学前一天，汤女士在六华春摆下一桌酒宴，为儿子饯行，也借此机会感谢几位老师的辛勤教导。另外，还请了谜社的几位谜友作陪。

酒席宴上，谜人们都要猜谜以助酒兴，可今日是个小男孩独自远行，气氛有点悲凉，海先生为打破僵局，朝汤女士努努嘴，说："你是当老妈的，说两句，也让大家高兴高兴。"

汤女士也不推辞，说："那我就抛砖引玉，说个字谜，请大家猜猜——游子方离母牵挂。"

众人听了，仔细分析，"游"字中的"方"字和"子"字离去，再把"母"字牵挂上去，这是个"海"字。

大家击掌叫好，齐声说这是个"海"字，要海先生也说一个。

海先生深情地看看儿子，说："那我就跟在内人的后面，来个'春雨潇潇报平安'。"

众人听了，分析出谜底是个"泰"字，夫妇二人以儿子的名字为谜底，既抒发了离别之情，又道出了愿儿平安的愿望，真是情深意切，父爱重如山，母爱深似海啊！

游子方离母牵挂

猪——"亥"

hài

古人对甲骨文的"亥"字，有不同的解释。

有人认为，甲骨文的"亥"字是个象形字。像什么？像一个裸体男子的侧面形象。后来经历金文、小篆等的变化，变成了今天的形状。对"亥"字的本义，说得很复杂，认为有保估幼儿成活，祈求氏族人口兴旺的意思。

另有一部分学者把"亥"字看得较为简单。认为甲骨文的"亥"字所描述的是猪的形象，而不是人的形象，所以认为"亥"的本义就是指猪。这种说法简单明了，令人信服。

"亥"，是地支的第十二位：申酉戌亥。

"亥"用以计时："亥"时，指晚上九时到十一时。

"亥"用来记年，"亥年"，就是十二生肖中的猪年。

甲骨文

金文

小篆

隶书

楷书

汉《曹全碑》

唐·欧阳通《道因法师碑》　　北魏·安定王　　明·董其昌《三希堂法帖》

民国初年，一户富裕人家的孩子突然患了病，可女主人偏偏信奉迷信，宁愿找测字先生来给孩子占卜，也不愿请医生来治病。

测字先生来了后，让女主人在字袋里抽一个字。女主人照吩咐做了，抽出一个"亥"字来。

测字先生一见，立刻惊呼起来："哎呀，虽然这个'亥'字同'孩'是一个读音，但却少了一个'子'，分明是说你的孩子不久就没了！"

女主人听了，大惊失色，赶紧追问孩子是否有救。测字先生摇摇头，说："没希望了，'亥'为十二月中的最后一个月，这末日都来临了，怎么还能有救呢！"

听测字先生这么一说，女主人顿时伤心欲绝，泪如泉涌。测字先生等的就是这么一刻。他见时机差不多了，才不慌不忙拿出两服丹药，装模作样地说："也不是没办法，只要把这药服了，保证孩子可以化险为夷。"

女主人听说孩子有救，慌忙花高价买了药。

结果可想而知。其实孩子的病并不重，只要好好调理，吃对了药便会好的，但被测字先生这一耽搁，又误吃了假药，后来真的死了。

『亥』字没子不是『孩』

汉字魔方

在家乱说话惹祸"害"

hài

甲骨文

金文

小篆

隶书

楷书

古代"害"字，是个上下结构的形声字兼会意字，一共由三部分组成。上面的宝盖头"宀"和下面的"口"字作形符，中间的"丰"字作声符，读 hài。

宝盖头"宀"有房屋、家的意思，在这里指"家"；"口"字指人吃饭讲话的嘴巴；"丰"字有"草芥散乱"的意思。三个字形合在一起，表示"在家里乱说话从而导致灾祸和损伤"。

也有人认为，金文的"害"字由"宀"、"口"和"丰"组成。这"丰"字不是指草芥散乱的意思，而是指"割伤"，表示家庭成员之间发生口角，有相互伤害的意思。

"害"字的本义指"对人的损伤或对事情种种不利因素"，如：妨害、加害、害处、害人、坑害、厉害、利害、迫害、伤害、受害、损害、无害、诬害、陷害、要害、贻害、有害、伤天害理、害群之马、害人虫、害人精。

"害"字由本义引申指"祸害"，如：公害、灾害。由此又引申指"残杀"，如：暗害、被害、残害、毒害、谋害、杀害、遇害。还引申指"有害的"，如：害虫、害鸟、害兽、虫害。

"害"字还引申指"发生疾病"，如：害病、害眼。

"害"字假借指"心理产生的恐惧不安的情绪"，如：害怕、害羞、害臊。

"害"字也表示"关键的重要的地方或问题所在"，如：要害。

无锡梁溪谜语研究会这帮文人雅士，除了喝茶聊天，也常常轮流作东，到无锡城稍有名气的小餐馆聚聚。这天在聚丰园小聚，小陶来迟了，他连忙打招呼，说因患高血脂，走到半路，忘了带药，又赶回家拿，这才迟到了。

马汉文一听，受到提醒，连忙进洗手间去打胰岛素。老马患糖尿病已十多年了，餐前必须打一针。周其良也掏出一包药片说："加上我高血压，我们几个人都是'三高'了。"

酒菜上桌，众人边吃边谈。待到酒足饭饱，老马一边剔着牙齿，一边感慨："上帝真绝！一边让你快乐、享受，一边让你受害，痛苦！"

小陶问："你又有什么高见了？"

老马说："你看我们仨，张嘴巴，吃得多舒服，谈得多开心，但一个个受高血糖、高血压、高血脂的折磨，这不是自己害自己嘛！"

小陶恍然大悟，一拍巴掌："怪不得'害'字里有个大大的'口'字！"

老马说："我看了好几本解释汉字的书，都把'害'字拆解为宝盖头的'宀'，草木茂盛的'丰'，还有讲话的'口'，表明是家里人乱说话招致祸害，也有说自家人口角招致伤害。他们都把'丰'字当作'草'来讲，把'口'字当作讲话来讲，归纳起来还是祸从口出啊。"

周其良问："依你之见，如何解释？"

老马说："依我看，这'害'字里的'丰'，那就是丰富的'丰'，甲骨文就是这么写的嘛。本来表示一棵树种在土堆之上，用来表示分界，后来造了个'封'字代替它，它就成了'豐'字的简化字。可见在'害'字中也有'丰盛'之义。"

小陶问："什么'丰盛'啊？"

老马指指桌上的饭菜说："鱼肉荤腥啊。这么多好吃的，'口'就派上用场了。我认为这'口'不光是讲话，是指用来大吃大喝的！"

周其良追问："这跟'害'字有什么关系？"

老马认真地说："这户人家很富裕，每天有鱼有肉，每人都大吃大喝，这下就营养过剩啦，每人都得富贵病，就得吃药打针受大罪呀！"

小陶总结道："你这话的意思是家中丰食大口吃——搞个字谜倒蛮好！"

老马生气地说："你小看我这番见解了，说不定老祖宗造'害'字时，跟我说的不谋而合呢。"

周其良提醒老马说："你激动什么呢？你解释对了有什么用呢？你越吃越胖，你越吃越想吃，你是明白混账人，自己害自己！"

三个人不约而同地打了个饱嗝，低头沉思，都显得很沮丧。

喝酒喝得很尽兴——"酣"

hān

甲骨文

金文

小篆

隶书

楷书

古代的"酣"字,是个左右结构的形声字兼会意字。左边的"酉"字是形符,表示跟"酒"有关,右边的"甘"字是声符,读 gān。这两个字形组合在一起,指"喝酒喝得很尽兴、很舒畅"。

"酉"字是"酒"字的本字,是最早的"酒"字,所以"酣"字用"酉"字作形符。

古人为什么用"甘"字作"酣"字的声符呢?

古代的"甘"字,有快乐、甜美的意思。而酒喝得酣畅,正是最美妙舒畅的时候,所以"酣"字用"甘"字作声符并会意。

"酣"字的本义指"喝酒喝得很尽兴,酒量恰到好处"。由此引申泛指"尽兴、畅快、剧烈",如:形容畅快称"酣畅";酣畅的睡梦称"酣梦";睡得很沉、很舒服称"酣眠"或"酣睡";酣畅的样子称"酣然";激烈战斗称"酣战";饮酒尽兴称"酣饮";喝醉酒了称"酣醉";喝酒喝得半醉称"半酣";酒喝得很畅快,形容酒兴正浓称"酒酣耳热"。

[瓦当欣赏]

秦汉画像瓦当

苏北一家酒厂的老板，来请无锡书法家马汉文写厂牌，带来几瓶陈年佳酿作谢礼。马汉文在家设便宴招待客人，顺便将几位朋友请来作陪。打开佳酿，酒香四溢，众人赞不绝口。

酒至半酣，大家放下酒杯，围到书桌前，看马汉文写字。大家知道，此时马汉文兴致极高，写字最好。

马汉文挥笔写下厂牌，一气呵成，遒劲有力。他意犹未尽，又接连写下几十个与"酒"有关的字，然后拿起来一个字一个字地解释，讲起中国的酒文化来——

中国的酒文化，生动地、详细地、艺术地表现在汉字上。你看这"酉"（yǒu）字，不就是个酒坛子么？它是最原始的"酒"字，后来加三点水成了'酒'。造酒要先发酵（jiào），本义指酒酵，后来才引申泛指"发酵"。发酵后就开始酿（niàng）酒，这才形成了酿造业，如：酿醋、酿蜜。造酒时的发酵过程，也称"酝（yùn）酿"，所以好酒称"佳酿"和"佳酝"。酒在酿造过程中要滤掉酒滓，这就是"酾（shī）酒"，也称滤酒。酿酒后要兑水，还没兑水的酒汁称醑（tú），也叫"醑酒"，也就是人们常说的"酒母"。酒味浓又纯正的酒称为"醇（chún）酒"，酒味浓烈的酒称"酖（nóng）酒"。用黍米酿成的酒称"酏（yí）酒"，再次酿造的酒称"酘（dòu）酒"，多次酿造的酒称"酎（zhòu）酒"，这属醇酒。酒放的时间长了会变酸，这就是陈酒变醋的"醋"。酒酿造好了要倒酒，用勺子舀酒，这就是酌（zhuó），也用来表示斟酒后劝人喝酒。好酒要用好瓶子来装，这就是樽（zūn）。买酒或卖酒称为酤（gū），在酒席宴上，主人向客人劝酒叫"酬酢（chóu zuò）"，几个人聚在一起，随意喝点酒叫"小酌（zhuó）"，酒还没喝醉时，人的头脑是清醒的，所以酒坛旁边有个"星"，表示清醒。酒喝到不能再喝的时候，就是醉了，为什么？酒坛子旁边是个"卒"字，"卒"字有"完了、尽了"的意思，已完了尽了，当然是喝醉了。酒喝到恰到好处，既尽兴，又舒服称"酣"。已经畅酣了，再拼命喝就是"酗（xù）酒"，酒后发酒疯行凶乱来，这就是"酩酊（mǐng dǐng）大醉"。"醉"音同"罪"，离犯罪不远了。有时人们常用酒来祭拜天地，把酒洒在地上，这叫"酹（lèi）祝"。最豪迈的是普天下的人都聚在一起饮酒，以此表示天子的恩德之广，这个字叫"醭"。"醭（pú）"音通"普"……

老马还要讲下去，但有人来敬酒，他只好打住了。

人在屋内以草避"寒"

hán

甲骨文

金文

小篆

隶书

楷书

金文的"寒"字是个会意字。它由四个部分组成。上面是个"宀",表示这是一座房子。中间是个"人"字,即房间里有人。人的脚下是两点,这两点表示是冰。"人"字的左右两边是四个草字头。合起来的意思指屋子里很冷,四周用草堵起来以防寒冷。

小篆的"寒"字,与金文的字形大致相似,这也是个会意字。

"寒"字的本义指很冷,跟"暑"字相对。如:寒冷、寒冬、寒风、寒潮、寒流、寒带、寒假、寒噤、寒气、寒衣、寒意、大寒、高寒、酷寒、耐寒、受寒、严寒、寒冬腊月、寒来暑往。

寒冷使人不适,甚至会使人死亡,所以"寒"字引申指畏惧、害怕。如:寒心、寒光、不寒而栗。

"寒"字又引申指贫困。如:寒窗、寒苦、饥寒、贫寒、十年寒窗。

"寒"字还有卑微、低微的意思。如:寒穷。

"寒"字也用来表示冷清。如:寒月、寒山。

"寒"字还用来形容很难看,或表示不体面,丢脸。如:寒碜。

"寒"字还用来表示谦词。如:寒第、寒门、寒舍。

"寒"字也作姓氏用。

唐·褚遂良《雁塔圣教序》

明·祝允明

"对联"是我国特有的一种文体，俗称"对子"，它由一联对偶句子组成。出句称"上联"，对句称"下联"。上下联字数相等，文字要精练含蓄，属对要工整严格。要创作一副好对联，实非易事。

在浩如烟海的对联中，有一种用偏旁、部首相同的汉字组成的同旁联。这种对联构思精巧，结构极具特色。

同旁联大致可分为四类。第一类是上下联文字的偏旁部首分别相同。如明朝时湖北武昌人熊廷弼在白云书院读书时，正巧碰上书院院长的丈人去世。院长请其作副挽联。熊廷弼写下一联："泪滴江汉流满海，嗟叹嚎啕哽咽喉。"上联偏旁皆为三点水。下联偏旁皆为"口"字。对仗工整，有声有泪。

第二类是上下联部分相对应文字的偏旁相同。如：民间广为流传的一副对联："琴瑟琵琶，八大王一般头面；魑魅魍魉，四小鬼各样肚肠。"该联上下联的前四字分别同旁，构思十分精巧。

第三类是上下联对应的字的偏旁部首分别相同。如：广东虎门有一副同旁联："烟销池塘柳；炮镇海城楼。"这副对联上、下联中相对应的字偏旁依次是"火、金、水、土、木"，五行齐全，读后令人赞叹。

第四类是上下联中所有文字的偏旁部首相同。这里有段小故事。明朝时，有位宰相名叫叶向高。有一年他回老家探亲，途中顺便去拜访新科状元翁正春，并留宿在翁家。翁正春唯恐招待不周，语带歉意地说："宠宰宿寒家，穷窗寂寞。"叶宰相闻言，略一沉思，对了句："客官寓宦宅，富室宽容。"这副对联含意贴切，情真意切，而且如同"寒"字一样的有宝盖头的字，一连用了十八个，这等文字功夫，甚是了得。

极具特色的同旁联

字一世界

张口大声呼叫——"喊"

hǎn

甲骨文

金文

小篆

隶书

楷书

古代的"喊"字，是个左右结构的形声字兼会意字。左边的"口"字旁是形符，表示跟口的动作有关，右边的"咸"字是声符，读xián。这两个字形组合在一起，指张开嘴巴，大声呼叫。因呼叫需要用"口"，所以喊字以"口"作形符。

古人为什么用"咸"字作"喊"字的声符呢？因为"咸"有"全部、都、尽其所有"的意思，而人在呼喊时，总是尽其全力，高声呼叫，所以"喊"字用"咸"字作声符并会意。

"喊"字的本义指大声"叫喊，呼唤"，如：大声叫称"叫喊"或"喊叫"；呼叫冤屈、诉说冤枉称"喊冤"；只在口头上叫嚷，没有实际行动称"空喊"；大喊大叫助威称"呐喊"。高喊、呼喊、哭喊、喊冤叫屈、人喊马嘶、喊口号、喊嗓子、喊价等都是指"大声呼唤、叫喊"。

[瓦当欣赏]

秦汉画像瓦当

· 172 ·

这天，无锡梁溪谜语研究会在西水关茶楼举办讲座，不请自到的茶客们济济一堂，欢声笑语，就像过节一样。小陶连喊了几声"请大家安静下来"，但仍是一片喧哗。小陶只好改变策略："下面有字谜，猜中有大奖！"这招果然灵验，大厅里顿时安静下来。

小陶说："'千呼万唤'，打一字。"

有位小伙子说："千呼万唤就是一齐呼唤。'咸'有一齐、全部的意思，加上口字旁，不就是'喊'吗？"

小陶说："恭喜你，答对了。"说罢，将自己面前的一包瓜子扔过去作奖品。

有人问道："古人造这'喊'字，不一定指全部的意思吧？会不会跟咸淡的'咸'字有关啊？我看到有本书上说，我们的祖先最早在中原一带生活，那儿离东边的大海很远，把贝壳当作稀罕之物，成为钱币宝贝。我想，那盐也是稀罕之物呀！人们是不是因为吃到盐，尝到了咸味，非常开心，就大声呼叫别人一块儿来尝尝，所以古人用'咸'字和'口'字合起来表示喊。"

大家听了，都点头称是。有位老者站起来说："这位朋友所说是一家之言，我也来个一家之言。依我分析，喊，就是呼喊口号，古人在集会或出发打仗、狩猎时，为了相互激励，提高士气，就摇旗呐喊。喊什么呢？我们祖先是汉族，就齐声喊'汉'。所以'喊'字跟'汉'字同音。这'喊'字是喊'汉'字这口号时喊出来的。"

众人被他这绕口令式的发言惹得哈哈大笑，并报以热烈的掌声。

有位退休老教师说："在下姓王，教师出身。我认为，人在激动时才会呼喊，而呼喊声又令人激动。我刚刚从东门乘公交车过来。上车时好像听到有人喊王老师，我没在意，等我到西门下车时，有位小伙子骑辆自行车，满头大汗地冲过来。他跳下车喊了声'王老师'，又掉转车头说：'我从东门追到西门，就为喊你一声"王老师"。我是你学生，我上班要迟到了……'说罢，跨上车飞快而去……"

王老师讲得很激动，满含热泪说："我已记不得这位学生的姓名了，但他的呼喊声够我终生享用！"

王老师话音刚落，台下掌声四起。

难忘的呼喊声

渡船——"杭"

háng

金文

小篆

隶书

楷书

古代的"杭"字是个左右结构的形声字，也是个会意字。左边的"木"字，说明这个字与树木、木头有关，右边的"亢"是读音，本义指木制的方舟，所以"木"为形旁。"亢"（kàng）有高的意思，方舟高居在水面上，所以用"亢"作声符兼会意。

在古代，"杭"字曾与"抗"字是同一个字。也有人把它与"航"字通用。随着时间推移，人们逐渐认可，"杭"字的本义是指船，更确切地说，是渡船。

现在，人们很少知道"杭"的这一本义了。用得最多的是当作地名，这就是"上有天堂，下有苏杭"的浙江省省会城市杭州。

"杭"，也作姓氏用。

宋·苏舜元《停云馆法帖》

东晋·王献之《淳化阁帖》

唐太宗《温泉铭》

宋朝建炎年间，金人时常骚扰大宋边界，一时间闹得人心惶惶。宋高宗赵构心神不定，再也坐不住了，赶紧假借散心之名，逃到了杭州。

一天，赵构听说有个叫周行善的人，测字很是灵验，便叫人把周行善找来，写了个"杭"字让他测。

周行善看罢，皱着眉头说道："皇上，这个字不大妙呀！"说着，把"杭"字一分为二，然后将"亢"上的一点移到了"木"上，结果"杭"字变成了"兀术"二字。兀术乃是大金国的皇太子，早就对大宋江山垂涎三尺了。周行善分明是暗示兀术将要大举南侵。赵构何等聪明，哪能猜不出他的意思，吓得顿时手足冰凉，呆如木鸡。

其实，周行善已看到了当时的局势，才下此断定的。

『杭』字变兀术

真是上有天堂，下有苏杭，果然名不虚传。

怀抱孩子的女人真 "好"

hǎo

甲骨文

金文

小篆

好

隶书

好

楷书

甲骨文和金文的"好"字，大致相似，由"女"和"子"构成，是会意字。

有人认为，这"子"字表示幼小，与"女"字结合在一起，表示这是个少女。少女最漂亮，所以"好"泛指漂亮。

还有种说法，认为这"子"字是指男子。男女在一起，相亲相爱，十分美好，所以"好"字的本义是指男女相爱。

第三种说法认为"子"表示婴儿，"女"指生育过孩子的女人。"子"与"女"是母子关系，且"子"小，"女"大，是母亲怀抱孩子的形状。人们把怀抱孩子的女人看作是美好的象征。

还有人认为，这是母亲在逗孩子玩，这是美好的事情，所以"好"的本义是美好。

"好"字引申为泛指一切美好的东西。凡是好东西，人们就喜欢，所以"好"又引申出"喜欢"、"喜爱"的意思。不过，这时的"好"要读成第四声，读为 hào。

"好"字的用法很多。用在动词前，表示满意的性质，如：好看。用在动词后面，表示完成或达到完善的程度，如：准备好了；表示友爱和睦，如：友好；表示身体康复了，如：病好了；表示时间，如：好久以前。

"好"字，如果读音不同，意思也不同。有时用作反话，表示不满，如：好，这下你有麻烦了。有句名言：读书好。好读书。读好书。其中三个"好"字，两种读音，三个意思。

唐朝时，苏州城外有家酒坊，虽然酒酿得好，但却很少有人问津，这可把老板急坏了。一天，他听人说诗仙李白来到了苏州，便赶紧把李白请上门品尝美酒，希望他能为自家的酒扬扬名气。

李白把酒喝下后，也没说好，也没说不好，只是提笔在大门上写了一句话："巧妇怀中抱娇子。"然后告辞而去。

老板望着这句话，琢磨了一天，也没琢磨出其中的意思来。就在天快黑的时候，一个路人经过，得知门上那行字是大诗人李白所题，尝也没尝，就毫不犹豫买下了一坛酒。老板很纳闷，忙拉住那人请教。那人说："巧妇怀中抱娇子，就是女人抱子，合在一起不就是个'好'字吗？诗仙都说好了，这酒当然是好得不得了啦！"

老板恍然大悟。这句话传开去，从此这酒坊的生意越来越红火，再也不愁卖不掉酒了。

巧妇怀中抱娇子

[瓦当欣赏]

秦汉瓦当

· 177 ·

毛长又坚硬的"豪"猪

háo

甲骨文

金文

小篆

隶书

楷书

古代的"豪"字,是个上下结构的形声字兼会意字。下面的"豕"字是形符,这个字读 shǐ,在古代是个象形字,像一只竖起的肥猪形,本义指"猪"。"豪"字上面是"高"字简省的写法,作声符,读 gāo。这两个字形组合在一起,指"箭猪"。

因"豪"指的是箭猪,所以用"豕"字作形符。"豕"是"猪"字的本字。

古人为什么用"高"字作"豪"字的声符呢?因为"高"有长的意思,而箭猪的毛长而尖锐,所以"豪"字用"高"字作声符并会意。

隶变后的楷书写作"豪"。

"豪"字的本义指"豪猪"。豪猪即"箭猪",箭猪身上的毛长而尖锐且坚硬,像枝箭,这样更便于保护自己,攻击敌方。所以"豪"字也用来表示"坚硬的毛",但这一意思被另造的"毫"字所取代。"豪"字由本义"豪猪"比喻为"有钱有势,横行霸道",如:强横无理、仗势欺人称"豪横",也称"豪强";非常富有且有势力称"豪富"。土豪、富豪、豪绅、豪华、豪门、巧取豪夺等都指有钱有势且又横行霸道。

"豪"字由上义引申指"无拘无束,有气魄,直爽痛快",如:豪放、豪迈、豪气、豪情、豪爽、自豪、豪饮、豪壮、豪言壮语等。

"豪"字由上义还引申指"有杰出才能的人",如:英豪、豪杰、豪侠、文豪。

强盗也称"豪客"。

这是民国年间的故事了。

却说苏北阜宁杨集乡有个张木匠，名叫张大豪。这名字是他母亲起的，原本不是"豪爽"的"豪"，而是"嚎啕大哭"的"嚎"。因他出生时，家里穷，母亲奶水不足，他肚子不饱，便嚎啕大哭。这孩子哭声嘹亮，震得窗格子"沙沙"作响，母亲便经常骂他"嚎嗓子"，小名就喊"大嚎子"，大名"张大豪"。

张大豪后来当了木匠。他读过私塾，识得几个字，加上人聪明好学，会画画，善雕刻，特别是他打的床，上面雕龙刻凤，非同一般。周围四乡八村打床、做家具，都找张大豪。

张大豪做的活儿细巧，为人却十分豪爽。他助人为乐，常做善事，在当地口碑很好，结交的朋友也多。

张大豪家有五个女儿，没有一个愿跟他学木匠的。旧时风俗，很少有女木匠，他常哀叹自己一身手艺，后继无人。

真是天遂人愿，一天半夜，不知什么人，将一个刚出生的婴儿，放在张木匠家门口。天快亮时，这孩子嚎啕大哭，哭声不亚于当年的张木匠。左邻右舍都跑出来看，有人打开襁褓，发现这是个残疾儿，除了嘴唇豁裂，还有一只脚五趾连在一起没分开。怎么办？总不能看着孩子冻死饿死呀，张木匠夫妇把孩子抱回家养起来。过了几天，张木匠老伴说："收下吧，不就是吃饭多双筷子么？"

张木匠点头说："天意呀，老娘给我取小名'大嚎子'。这'豪'字不就是家中添一口么？添一口就添一口吧。我小名当中就有口字旁啊，这一口又回来啦。你收拾一下，把家里值钱的都带上，明天我俩到上海投亲靠友，先把孩子这两个病治好。"

夫妻俩抱着孩子，历经艰辛，到了上海，求哥哥，拜奶奶，靠亲友帮忙，为孩子动了手术，留下一大笔人情债务，把一个漂漂亮亮的儿子抱回了家。

故事的结尾既复杂，又简单。这孩子后来成了位巧木匠，以制作龙凤床闻名，他在床面雕刻的戏剧人物，栩栩如生。其中有一套讲他出身的"家添一口"的故事最为感人。这些木雕作品，存世不多，业内人士说：价值连城。

家添一口

皮肤排泄出的液体——"汗"

hán

甲骨文

金文

小篆

隶书

汗

楷书

小篆的"汗"字，是个左右结构的形声字兼会意字。左边的三点水是形符，表示跟水或液体有关，右边的"干"字是声符，读gān。两形合一，指由皮肤汗腺中排泄出来的液体，这就是"汗水"。

古人之所以用"干"字作"汗"字的声符，是因为"干"有身体"躯干"的意思。汗是从全身各处流下来的，有头汗、颈汗、手汗、脚汗等，所以"汗"以"干"作声符并会意。也有人认为，"干"有"冒犯"的意思，而人体由于受热气干扰才会流汗，所以用"干"字作声符并会意。此说虽有些勉强，但也有道理。

"汗"字的本义指由身体毛孔分泌出来的液体，如：汗水、汗液、汗斑、汗衫、汗腺、汗孔、盗汗、发汗、冷汗、流汗、冒汗、虚汗、血汗；因羞愧而出汗称"汗颜、愧汗"；汗水消下去称"落汗"。

古代写字的竹简，因先要用火烤，使其出汗，干后便于书写，又不受虫蛀，故称"汗青"。引申为"书册、史册"，故有"留取丹心照汗青"名句。另有成语"汗流浃背、汗牛充栋、汗马功劳"中的"汗"字，都是这个意思。

"汗"字是个多音字。读作hán时，指"可汗"（kè hán）的简称。这指古代鲜卑、突厥、蒙古等民族最高统治者，如：成吉思汗。

古代的测字术中,还有以事求测法。求测者可以从当时所遇到的事,或身边的情景,让测字先生以这种事情或情景转化成与此相联系的字再来预测。比如有人骑马而过就测"骑"字,有人坐树下就测"休"字。这就要看你随机应变的本领了。

却说明朝天启年间,福州有位测字名家叫郑仰田。一天,有位名叫汪海林的贡士来求测。他出自书香门第,祖上有三人考中进士,不久他将赴京城参加殿试,不知能否托祖上荫庇(yìn bì),一门四代出进士。

汪海林报上姓名,说明来意。郑仰田心中有底,问他测什么字?汪海林对字烂熟于心,自认为测字先生未必比他高明,他提出以事测字。因天热,他走得满头大汗,就抹了把汗水说:"头上出汗,请先生就测'汗'字吧。"

郑仰田随手写了个"汗"字说:"这'汗'字笔画不多,但含义深远,我得多费点口舌。依先生所说祖上三代出过进士,这史上少有哇,真可谓文曲星下凡,都取在汪家。而'汗'字正是此事写照。"

汪海林听了,大为疑惑。郑仰田解释道:"这'汗'字左侧三点,右侧一倒写'士'字,暗喻'三士',正是先生祖上三进士啊。"汪海林听了,恍然大悟。

郑仰田话锋一转,说:"先生祖姓为'汪'。汪与'汗'相差一横,这一横封底,再也难汪。俗话说,事不过三,富不过三代,先生恐难避过这一咒语。因为'汗'字有'改土保水'之义,否则'汪'字失水,不成其'汪'了。"

汪海林问:"何为'改土保水'?"

郑仰田道:"三点水不动,'土'字改'干'为'汗'。否则,沧海变桑田,你祖姓由'汪'改'汗'了。"

汪海林急着问:"先生说了这么多,我这次进京应考,到底能否中进士?"

郑仰田斩钉截铁地说:"先生以'汗'字求测。这'汗'字显水干之象,有断流之义。先生家水脉文脉到你这一代都已截断,如江河亮底,无鱼跃之地,你还强求什么呢?"

汪海林听了,丢下些碎银,低头耷拉着脑袋走了。

三代进士今断流

手拿武器"捍"卫自己

hàn

甲骨文

金文

小篆

捍

隶书

捍

楷书

　　古代的"捍"字，是个左右结构的形声字兼会意字。左边的提手旁是形符，表示跟手有关，右边的"旱"字是声符，读 hàn。这两个字形组合在一起，表示"抵抗，保卫"。要抵御外来入侵，就必须手拿武器，所以"捍"字以提手旁作形符。

　　古人为什么用"旱"字作"捍"字的声符呢？因为古代的"旱"字与"悍"字同一个意思，都表示勇猛、无所畏惧，而抵御外来入侵是需要有勇气的，所以"捍"字以"旱"字作声符。也有人认为，"旱"字在这儿就是"悍"字简省的写法，表示勇猛，所以用它作声符并会意。

　　古代的"捍"字也曾写作"扞"，以"手"字和"干"字会意。"干"字像盾牌，即手持盾牌，以示防御。这个字属异体字，但仍在使用，与"捍"字同义。"扞"字又读 gǎn，与"擀"同义，指北方擀面用的木棍，就是人们常说的"擀面杖"。

　　"捍"字楷体由小篆演变而来，它的本义指"抵御、保卫"，如：捍卫主权、捍卫国家尊严。这些词多用于指抽象事物。

　　抵御外侮也称"捍御"。

这天，无锡东门中学的杨老师，在分析了关键字"捍"字的形、音、义后，要同学们找出与"捍"字形音相似的字，并说出它们之间的差异。

同学们纷纷查词典、从手机字库中认真寻找。不一会，刘坤培到黑板上写下捍、焊、悍、埠、睅、骇、鼾几个字，学着杨老师的样儿说："同学们请注意，这几个字中的关键部分是'旱'。'旱'，指天长时间不下雨，太阳暴晒，河水干了，所以出现旱灾。'旱'字上面是日，下面是干，对不对啊？"

金一鸣故意大声喊"对！"还说："你得讲其他几个字的区别啊。"

刘坤培老老实实说："'悍'字表示心里无所畏惧，指'凶悍'。这个'焊'字是火字旁，大概指电焊吧？另外几个我没见过，照字典上抄的！"

金一鸣已查过词典了。他走上讲台，不客气地对刘坤培说："你下去吧，我来讲。"他摆出十分熟悉的样子说："这个'埠'字，指小的堤，一般指地名；这个'骇'字指凶悍的马；这个'睅'字指眼睛突出；这个'鼾'字指打呼噜……这些字大都不用啦。"他问杨老师："我讲个捍卫尊严的故事好不好？"

杨老师点点头："可以，请讲！"

金一鸣讲起他亲身经历的一段故事来。

上个星期天，金一鸣去看了场晚场电影。回家时，路过太湖大道一巷口，见一戴眼镜的青年，两手各扶一辆自行车，摇摇晃晃地走着，嘴里还自言自语："不谈拉倒，送你的礼物还给我……"有辆女式车的网袋里装着花花绿绿的衣裳。看来是恋爱没谈成，两人分手了，小伙子将送女方的礼物讨回来，包括这辆自行车。

路上行人稀少。小伙子看到金一鸣，喊道："小阿弟，帮帮忙，给我将这车子骑一段路。"

金一鸣一问是同路，便接过车子，两人并肩骑上了车。金一鸣发觉，这小伙子一只手搭在他肩上，金一鸣以为他累了，借他的车子搭搭力，也没在意。过了一会儿，小伙子也许手酸了，把手放下，却悄悄地揪住金一鸣衣角，死死地不放。金一鸣这才明白，他是怕金一鸣骑车逃跑啊。金一鸣顿时觉得受到了污辱，他猛的跳下车，将那女式车朝小伙子一推，头也不回地走了。他说这就叫捍卫尊严。他对"捍"字，深有体会。

捍
卫
尊
严

肩扛戈者"何"处去

hé

甲骨文

金文

小篆

隶书

楷书

在甲骨文中,"何"字是个象形字。像什么?细细看,像一个人肩上扛着戈——一种战斗的武器,正大步向前,嘴里似乎还在喊着"hēhē"的口号,以壮声势。

到了金文和小篆,写法有了较大的变化,它由象形字变成了形声字。原先那"人"字形分离出来,成了单人旁,而那张大嘴巴,扛着戈,大步向前这三个形状合拼成"可",后来这个字便写作"何"。

这两种"何"字的本义都是扛着戈行走的意思。读音也与士兵们列队呼喊的口号声相似。

人们可以想象,当这些扛戈而行的士兵们路过时,围观的人会问:他们向何处去?干何事?这样,"何"字便引申成了疑问代词,也就是今天常用的何人、何不、何等、何妨、何苦、何止等词。而它的本义扛着戈的意思被后来造的"荷"字所代替了。这就是我们常说的负荷。

"何",也当姓氏用。

东晋·王献之《淳化阁帖》   宋·米芾《三希堂法帖》

民间有段笑话故事，讲的就是"何"字。

清朝末年，广州有位姓何的人，二十好几岁了，还没成家，而父母不闻不问，这姓何的小伙子，心里不由埋怨起父母来。

一天，他对父亲说："爸爸，我今后不姓'何'了，想改姓'可'。"

父亲不明白他这话的意思，便问他为什么。他说："'何'字边上有个人，表示双方可以相互依偎，但我至今仍是光棍，要这个'人'字有什么用？"

父亲听罢，哈哈大笑，这才明白了儿子的心思，忙张罗起儿子的婚事来。

何字边上有个人

汉砖欣赏

叶大如盘的"荷"叶

hé

古代的"荷"字，是个上下结构的形声字兼会意字。上面的草字头作形符，表示跟花草植物有关，下面的"何"字作声符，读hé。这两个字形组合在一起，指草本植物莲。

"莲"属草本植物，所以用草字头作形符。

古人为什么用"何"字作"荷"字的声符呢？因莲属多年生草本植物，它生长在浅水区，叶子碧绿，大如圆盘，夏天时开白花或粉红色花。种子称"莲子"，可当药，也可吃。地下茎埋在淤泥里，称"藕"，可当水果，也可当蔬菜。因"荷"的叶、花、果、茎名目繁多，不知道的人常问此为何名？所以"荷"字用"何"字作声符并会意。

"荷"字的本义指多年生草本植物"莲"。如：莲的花称"荷花"；种莲的池塘称"荷塘"；随身携带，用来装零钱或零星小物件的小袋子称"荷包"；莲的叶子称"荷叶"；怨恨的声音称"荷荷"。还有一种多年生草本植物，名叫"薄荷"，它的茎和叶子有清凉的香味，可入药，或加在糖果、饮料、牙膏里，有薄荷的清香。

"荷"字是多音字。读hè时，指"背或扛"。如：荷枪实弹。也指"承担"，如：荷此重任。也指随压力或担负的重任，如"重荷"。承受别人的恩惠而表示感激称"感荷"；建筑物能够承受的重量称"荷重"；作用在物体上的外力及承重量称"荷载"。

"荷"字也作姓氏用。

荷也读hè，背负的意思，如：负荷。

甲骨文

金文

小篆

隶书

楷书

清朝乾隆皇帝，曾多次到江南微服私访，到处游山玩水。民间流传着许多乾隆皇帝下江南的故事，其中有不少跟诗词歌赋或对联题词有关。

却说这年夏天，乾隆来到杭州郊外的一座山村，他见村头小河边荷花盛开，碧绿的荷叶衬托着红白相间的荷花，然是好看。

乾隆站在柳树丛中，听到不远处有人在弹琴。琴声清越悠扬，令人陶醉。乾隆看着荷花，听着琴声，仿佛置身于仙境之中，真有点儿陶醉了。这时，"吱呀"一声，山坡上一座小庙的门打开了，走出位年轻和尚。只见他挑着副水桶，到河边挑水。也许他只顾着水中荷花，没注意站在柳树丛中的乾隆，他汲满水桶后，采了两朵荷花，放在前后水桶中。

乾隆见此情景，诗兴大发。他走出柳丛，对年轻和尚笑了笑，吟道：

河里荷花和尚掐去何人戴？

这是异字同音联的上联。乾隆盯着年轻和尚，看他能否对出下联。这年轻和尚先是一惊，随后镇定下来。他听到村头传来的阵阵琴声，略一思索，对出下联：

情凝琴弦清音弹给青娥听。

乾隆听罢，抚掌叫好。年轻和尚以"情、琴、清、青"四个同音字相对，工整对仗，十分贴切。

年轻和尚不认识乾隆，邀请他到小庙里喝茶小坐。乾隆很高兴，随他往庙里走去。

年轻和尚挑着水桶，边走边说："荷花清香扑鼻，又是如此洁白干净，放在水桶里，水不外溢，就连水也变得香甜哩。"

乾隆晓得他是在回答"荷花何人戴"这一话题，不由呵呵笑道："我是见景生情，随意而作，你不必当真啊。"

河里荷花何人戴

· 187 ·

一块儿唱——"和"

hé

甲骨文

金文

小篆

和

隶书

和

楷书

"和"字的繁体笔画繁多，写作"龢"。这个字，我们只在清代大学者"翁同龢"的姓名中见过，其他很少见。

繁写的"龢"字，是个左右结构的形声兼会意字。左边是形，表示这个字的意思，右边的"禾"是读音。

左边的形，看上去是一排竹管合拼而成的乐器，是笙和箫之类的吹奏乐器。这些乐器一齐吹奏，声音悦耳动听，显得很调和、和谐，所以"和"字的本义是指乐声调和、和谐。

"龢"字的左边经过变化，后来就简写成"口"，用"口"来代替乐器或唱歌，表示声音和谐。为了书写美观，左边的"口"放到右边，成了今天的"和"。这个字也是形声兼会意字。从口，禾声，而"禾"又像稻穗低垂的样子，也就有了相依相从的意思，所以用"禾"表音兼会意。

"和"由本义和谐，引申到平和、温和、柔和这层意思。

因为和谐，没有争斗，所以把结束战争称为讲和、和谈、和平、和好。就连下棋或体育比赛，不分胜负，称为和棋、和局。

因为"和"有共同一起的意思，所以就有连带的意思，如：和盘托出、他和我一样。如若是一个数加上另一个数，就称之为和数。

在粉状物中加液体搅拌，和字另读为 huó，如：和面、和泥。读 huò，搅拌，加水搅合，如：合并、和点儿水。

民国年间，河北大旱，田里颗粒无收，农民四处逃荒。

这天，京城几位大官到乡下视察，见乡村毫无生气，忍不住仰天长叹："真是天时不如地利，地利不如人和呀！"

一位正要外出讨饭的老农恰好经过，听到了这番话，上前说道："几位大人，'和'字，乃'禾'与'口'，这便是说人有田种，有饭吃才是和，'和'为贵嘛。可我们现在连饭都讨不到，哪能谈到'人和'呀！"

几位大官面面相觑，再也没话说了。

有饭吃才是和

谢谢，谢谢，谢谢……

锅盖与锅正好相"合"

hé

甲骨文

金文

小篆

隶书

楷书

　　从古至今,"合"字的形状似乎没有什么变化,无论是甲骨文、金文还是小篆,都是由两部分组成。上面是个盖子,下面是个器皿。据专家考证,这下面的器皿是烧水煮饭用的锅,上面就是锅盖。这锅盖与锅口相吻合,使水不溢出来,汽不冒出来,起到保温作用。可见"合"字的本义就是相合的意思。

　　也有学者不同意这种说法。据他们考证,认为"合"字更像一只半开半闭的蚌的形状,蚌的两片坚硬的贝壳正好紧紧地合在一起,因此将"合"的本义认定为相合。

　　两者的说法,哪种为准?看来还是锅盖盖在锅上更为合理些。其实这也无需细究,因为它们的结论是相同的。

　　因为"合"的本义是指盖子正好盖在器皿上,由此就引申出合拢、闭合的意思。如:合上眼睛、笑得合不拢嘴。既然合在一起,就有结合到一起,凑合在一块儿的意思,跟"分"字相对,如:合办、合伙、同心合力。既然能合在一起,就有符合的意思,如:合情合理、合格、合脚、合我胃口。既然不同种类能合在一起,由此又引申为全部的意思,如:合村、合家团圆。

　　有时,"合"字也有折合、共计的意思,如:一公顷合十五亩、这房子连装修合五十万元。

一天，有人进贡给曹操酥一盒，曹操尝了一口，觉得味道不错，就盖上盒盖，随手在上面写了"一合酥"三字，置之案头。

曹操手下诸将互相传看，都不解其意。这时，恰好主簿杨修路过，看见摆在桌上的那盒酥，二话没说，打开盒盖就吃了一口。

旁边的人都吓坏了，纷纷说杨修胆大妄为，竟不等丞相同意，先吃贡品。

杨修抹了抹嘴巴，笑着说："没关系，这是丞相赏给大家吃的。这盒上不是明明白白地写着'一人一口酥'吗？"听了杨修的这番解释，众人赶紧争先恐后吃了起来。

一人一口

汉砖欣赏

火势旺盛红亮——"赫"

hè

甲骨文

金文

小篆

隶书

楷书

　　甲骨文的"赫"字是个会意字。由两个"大"字和两个"火"字组成，指火势很大，很旺盛，而且发出红而亮的火光。古人用两把大火来表示火势的猛烈，也突出了光色的红亮。

　　金文的字形由甲骨文演变而来，写作两个"大"字。这"大"字其实指人，两边各一个"火"字。其用意与甲骨文相似。

　　小篆的"赫"字的形体由金文演变而来，变成了两个并排的"赤"字。甲骨文的"赤"字上部是"人"字，下面是"火"字，表示把人活活烧死。这是古代祭祀神灵的方式。也有人认为此说不可信。"赤"字就是指熊熊大火，由红色的大火而引申指红色，所以"赤"字的本义指红色。现在用两个"赤"字并排在一起，表示火势更大，颜色更红了。

　　"赫"字的本义指火势旺盛、红亮，也可解释为颜色红到极点的样子。

　　"赫"字由本义引申指显著、盛大，如：显赫、赫然、赫赫有名、赫然而怒、赫然在目。

　　"赫"字是赫兹（译音词）的简称，是频率单位，简称为"赫"。

　　"赫"字也作姓氏用。

《隶辨》

唐·虞世南《孔子庙堂碑》

现在年轻人的婚姻，往往要靠温馨浪漫的圣水来浇灌，女孩明明已嫁作人妻，成了"夫人"，但仍把自己当作"情人"看待。"情人节"这天，若是丈夫不送上一束鲜花什么的，小嘴准会撅得能拴上一头大叫驴。

南京的赫红女士便是这样。她与刘平结婚两年多了，但仍像情人似的卿卿我我。这不，情人节到了，她和老公驾车去苏州桃花岭潇洒了一把，拍了不少照片留作纪念。晚上回来，两人又去一家高级餐厅吃饭，共度美好时光。

这家餐厅，有专供情侣聚会谈心的雅座。这里没有嘈杂喧闹声，也没有耀眼的灯光。有的是轻柔的音乐和两支淡红的蜡烛。

两人并肩而坐，喝着美酒，吃着佳肴，喃喃细语，好幸福！

刘平打开电脑，将今日用数码相机拍的照片传到电脑上，其中有一张特棒，只见赫红站在桃树下，脸儿红得像桃花。颇有诗人气质的刘平，立马在下面打出一行字："人面桃花相映红"。这是唐朝诗人崔护的一句诗，用在这儿，真是再好不过了。

刘平说："回去放大一张，装上镜框，算是我送给你的礼物！"

赫红不以为然地说："就这张照片，礼物也太轻了吧？"

刘平说："这句诗把你们赫家全装在里面啦。"

赫红仔细一想，一拍巴掌道："哟，倒也是。桃花是红的，我面孔是红的。两个红的排在一起，就像两个'赤'字，把我的姓也嵌进去啦。"

"还有一份礼。"刘平将桌上一对红烛推到赫红面前，说，"这一对火也是个'赫'字。愿我们的爱情之火，永不熄灭。"说罢，两人举杯，将甜甜的美酒倒入心田里。

特别的礼物